이희정 노자 성인 교양집

당당하게,
따뜻하게,
아름답게
살자

노자의 도덕경을 통한
인성교육

저자 **이희정**

도서
출판 **성연**

'얻으려면 먼저 주어라', '채우려면 먼저 비워라' 이 말은 곧 배려, 존중, 공존을 의미한다. 이것이 노자의 도덕경의 주제이다.

인성은 예의 바른 언행으로 공손한 말과 행동의 의미를 가지지만, 넓게는 내면의 심리적 상태를 가리킨다. 즉, 인성교육은 자기와 타인을 소중히 여기고 존중해야 한다는 것을 이해하고, 특정 상황에서 행동하는 법을 배우고, 사회적 관계와 사회적 기술을 배우는 것이다.

인성교육은 가정생활, 학교생활, 사회생활에서 모두가 함께 행복할 수 있는 공존의 세상을 만드는 기반이 된다. 노자의 도덕경은 인생의 바른길을 밝혀주는 지혜의 책이다.

노자는 중국 고대의 사상가이며 도가道家의 시조이다. 성은 이李, 이름은 이耳, 자는 담聃이다. 도덕경은 춘추시대 말기에 노자가 난세를 피하여 함곡관에 이르렀을 때 윤희尹喜가 도를 묻는 데에 대한 대답으로 적어 준 책이라 전하나, 실제로는 전국 시대 도가의 언설을 모아 한漢나라 초기에 편찬한 것으로 추측된다. 내용은 우주

간에 존재하는 일종의 이법理法을 도道라 하며, 무위無爲의 치治, 무위의 처세훈處世訓을 서술하였다. 이러한 노자의 사상을 읽어낼 수만 있다면, 그 자체로 심오한 의미가 있을 것이다. 그러나 시간과 문화의 장벽이 가로막고 있는 중국의 고전 읽는다거나 교육자료로 사용하는 것에는 아무래도 이해하는 데 어려움이 많다.

이에 저자는 책을 통해 "노자의 도덕경을 통한 인성교육 연구"를 재해석하여 쉬운 말로 표현하였다.

"당당하게, 따뜻하게, 아름답게 살자"는 현대인들의 인성교육을 위해 쉽게 풀어쓴 책이다. 도덕경에 담긴 철학을 현대에 맞게 재해석하고, 적용할 수 있도록 구성되었다. 인간관계, 자기계발서, 인성교육 자료로 사용해도 무방하다.

본서는 무엇보다 노자의 사상을 여타 학문과 짚어가며 요점을 정리하였다. 노자의 사상이 무엇인지 잘 모르는 독자도 본 글을 통해 인성교육의 강조점이 어디에 있고, 도가의 사상적 흐름이 어떠한지 배울 수 있다.

움켜쥐기보다는 내려놓음으로써 얻어지는, 걸림 없는 자유로운 삶의 지혜, 있는 모습 그대로의 자연스러움, 즉 '무위無爲'를 핵심 사상으로 하는 노자의 지혜에서는 인생의 길을 배울 수 있고, 삶의 원리, 다시 말해 삶의 지혜와 리더의 지략을 배워볼 수 있다.

노자는 전쟁과 사회 혼란이 끊이지 않고 계속되던 대격변기의 시대에 살았다. 그렇다 보니 노자는 그 안에서 파괴된 나라들과 고통에 신음하는 백성의 모습을 치료하고 회복하는 것을 철학으로 삼고 있다. 그 당시의 현실이 노자 철학의 바탕이 되었다. 즉 인성, 처세, 통치, 전쟁, 백성에 대한 관점들이 바탕이 되었다.

순수한 자연, 본연의 모습으로 돌아가라는 노자의 사상이 단순히 외침에만 그치지 않고, 그 당시 현실 속에서 구체적으로 실현되었을 뿐 아니라 오늘날 현대 교육에도 적용이 가능하다.

오늘날 우리 사회는 교육을 사회적 적응이나 입신출세立身出世의 수단으로 여기는 경향이 두드러지고 있으며 학생들의 자살, 학교폭력, 일베 문화는 학교뿐만 아니라 심각한 사회문제로 대두되고 있는 실정이다.

따라서 모든 우주 만물을 관계로 설명한 노자의 《도덕경》은 인성교육에 바람직한 방향을 제시하고 있다. 《도덕경》은 만물의 모든 존재 방식과 운행원리를 설명하고 있는데 이것이 인성교육에 적용된다면, 인성의 정의는 관계적인 측면에서 풍부하게 논의될 수 있다. 또한 세계의 상황, 공동체의 상황, 글로벌 영역에 따라 체계적으로 접근할 수 있을 것이다. 더 나아가 내면의 평화를 찾고, 다른 사람을 이해하고, 공동체를 구축하고, 자연과 조화를 이루는 삶의 방향을 찾는 것에서 의의가 있다고 할 것이다.

본 저자는 오랫동안 자혜불교대학을 운영하면서 조선시대 500여 년 동안 유교사상은 중앙집권적 정치체제의 근본이었고 남성을 중심으로 한 국가에 충성하는 관념과 집체주의 윤리규범은 중앙집권적 정치체제로 사회 안정을 도모하여 경제발전을 위해 유리한 조건을 제공하였으나 이것은 또한 사회를 경직시키고 국민의 자유를 박탈하기도 하였다. 이러한 윤리체계는 인간관계의 위계질서를 유지하고 있지만, 특권, 남성 존중, 상하 관계를 과도하게 강조하고 동등한 인간관계를 무시하는 관귀민천官鬼民賤 관념은 현대에 이르렀다. 한국의 사회의식과 교육철학에 맞지 않는다는 것을 깨닫게 되었다.

따라서 노자《도덕경》을 통한 인성교육에 관한 고찰이 우리나라 인성교육에 새로운 방향을 제시하고 학생들 스스로 자신의 삶을 개척하고 능동적으로 환경에 적응하는 힘을 얻게 되며, 또한 "교육환경이 바뀌면 학생들의 자기주도성이 활발해질 수 있을까?"하는 의문을 해소하는데 다소나마 기여하였으면 하는 바람이다.

대응공사 자혜불교대학
청공 **도경**(이희정) 합장

'무위無爲'를 핵심 사상으로 하는 노자의 지혜

　이희정(청공 도경스님)은 경주 동국대학교 대학원에서 저와 함께 공부한 인연이 있는 스님입니다. 도경스님은 학교 재학시절부터 보호관찰소 산하 청소년 상담과 어려운 대학생에게 장학금을 지원하는 등 다양한 나눔과 보시를 실천하였고, 또한 사찰에서도 주변 시민들에게 공양미와 노인잔치 등을 베풀어 나눔을 몸소 실천하고 있는 자랑스러운 도반입니다.

　그런 그가 이번에 노자의 도덕경을 통한 인성교육을 재해석한 《당당하게, 따뜻하게, 아름답게 살자》라는 책을 발간한다고 하니, 도반으로서 기쁘기 그지없습니다. 왜냐하면, 이 책은 오늘날 우리가 안고 있는 다양한 사회적 문제들 속에서 어떻게 살아야 할 것인가에 대한 물음에 대한 해답을 제시해주고 있기 때문입니다.

　책의 본문에서 "움켜쥐기보다는 내려놓음으로써 얻어지는, 걸림 없는 자유로운 삶의 지혜, 있는 모습 그대로의 자연스러움, 즉 '무위無爲'를 핵심 사상으로 하는 노자의 지혜에서는 인생의 길을 배울 수 있고, 삶의 원리, 다시 말해 삶의 지혜와 리더의 지략을 배워 볼 수 있다."라는 구절의 내용은 불교의 핵심인 연기법과 상통합니다.

《당당하게, 따뜻하게, 아름답게 살자》라는 이 책의 제목처럼 앞으로 남녀노소, 어린이부터 성인에 이르기까지 다양한 사람들이 당당하고 따뜻하고 아름다운 인성을 고취시키는 인성의 교육에 대한 지침서로 활용된다면 많은 사람들의 삶에 도움이 될 것이라고 생각합니다.

대한불교조계종 백운사 주지
백운 성구 합장

밝은 등불로서의 노자의 가르침

동양의 오래 된 사상가로서, 도가道家의 시조라 할 수 있는 노자老子의 가르침을 흔히들 '무위자연無爲自然'으로 표현하고 있습니다. 달리 말하면 무슨 일이나 억지로 하지 않고, 자연의 순리順理에 맡겨야 한다는 주장입니다. 무슨 일이나 자연의 흐름에 맡기고, 사람이 인위적으로 거스르지 않아야 한다는 이 가르침은 일견 쉬워 보이기는 해도, 우리가 다양하고 끝없는 욕심을 지닌 인간이기에 그대로 지켜나가기에는 어려운 점이 매우 많습니다.

사람이 살아가는 길은 어두운 밤길을 걸어가는 것과 마찬가지라는 비유가 있습니다. 어두운 길을 걸어가려면 여러 가지 어려움이 따르기 마련입니다. 따라서 길을 밝혀주는 불빛이 있어야 합니다. 그 불빛은 때로 무서운 짐승을 쫓아주기도 하고, 튀어나온 돌멩이를 피하게도 해줍니다. 우리가 들어야 할 등불은 어떠한 위험에도 길을 밝힐 수 있을 정도로 밝아야 하고, 또한 불어오는 바람에도 꺼지지 않아야 합니다. 이러한 등불은 사람에게 민음을 주어 바람직한 방향으로 나아가게 할 것입니다.

이 책은 이 등불과 같은 가르침을 주지 않을까 하여 감히 추천하는 바입니다. 이 책을 쓰신 이희정 박사님은 커넬글로벌대학교에서 교육학을 전공하신 불자佛子이십니다. 그동안 자혜불교대학을 운영하면서 보다 폭넓은 인성교육 방안을 찾기 위해 노력해오셨습니다. 이제 그간의 노력으로 박사 학위를 받으시고, 그 논문을 바탕으로 이 책을 내게 되었습니다.

이 책에는 노자의 《도덕경道德經》이 중심이지만 불교, 유교, 기독교의 가르침도 함께 하고 있습니다. 자녀교육子女敎育을 위해서뿐만 아니라, 자기교육自己敎育을 위한 교양 도서로도 일독을 권하는 바입니다.

감사합니다.

아동문학가 · 교육학 박사(커넬글로벌대학교 교육학과)
심후섭

노자의 도덕경을 통한 인성교육

2015년 인성교육진흥법이 시행된 지 7년이나 지났지만, 우리나라 인성교육의 현실은 아직도 갈 길이 멀기만 해 보인다.

최근 치러진 제20대 대통령선거와 제8회 전국동시 지방선거 과정을 지켜보면서 더욱 그러한 생각이 들었다. 후보자들과 정치인들의 혐오성 막말, 내로남불식 상대방에 대한 인신공격과 비방과 폭로전이 난무했다.

비단 혼탁한 선거판뿐만이 아니다. 학교폭력이나 묻지 마 살인과 같은 타인을 존중하지 않는 인성이 무너진 사건 사고가 갈수록 많아지면서 심각한 사회문제로 대두되고 있다.

'동방예의지국'이라는 단어를 차마 입에 담기도 부끄러울 지경이다. 인성지도사로서 인성교육현장에서 활동하면서 인성교육의 필요성을 누구보다도 인식하고 있기에 장차 나라의 기둥이 되어야 할 자라나는 아이들이 어른들의 이러한 행태를 보고 무엇을 배우게 될지 심히 걱

정되는 안타까운 실정이다.

이러한 시기에 이희정 박사가 '당당하게, 따뜻하게, 아름답게 살자'는 제목으로 노자의 도덕경을 통한 인성교육에 대한 저서를 발간한 것은 매우 반가운 소식이다.

삶의 터전으로서의 인성을 이야기하면서 도덕경에 나타난 인성과 인성교육을 철학적 종교적 관점에서 살펴보고 현대사회 인성교육에 바람직한 방향을 제시하고 있다.

저자는 수년간 자혜 불교대학을 운영하면서 성인들을 위한 인성교육에 힘써 왔으며, 대학원에서 교육학을 전공하면서 도덕경을 통해 발견한 노자 사상과 인성교육에 대하여 학문적으로 깊이 연구한 결과를 이 책에 담고 있다.

이희정 박사의 인성교육 필독서 '당당하게, 따뜻하게, 아름답게 살자' 저서 출간을 축하드리며, 대학원 교육학 박사과정에서 강의하면서 저자를 지켜본 인연으로 많은 분들이 인성함양에 도움이 될 '노자의 도덕경을 통한 인성교육'을 만나 보시길 추천해 드린다.

전래놀이교육협동조합 이사장, 사회복지학박사

남병웅

[목차]

인성은 예의 바른 언행으로 공손한 말과 행동의 의미를 가지지만,

넓게는 내면의 심리적 상태를 가리킨다. 즉, 인성교육은

자기와 타인을 소중히 여기고 존중해야 한다는 것을 이해하고,

특정 상황에서 행동하는 법을 배우고,

사회적 관계와 사회적 기술을 배우는 것이다.

인성교육은 가정생활, 학교생활, 사회생활에서

모두가 함께 행복할 수 있는 공존의 세상을 만드는 기반이 된다.

노자의 도덕경은 인생의 바른길을 밝혀주는 지혜의 책이다.

— **〈이 글 쓰면서〉 중에서**

I

인성, 삶의 터전

I. 인성, 삶의 터전

1. 인성

인성은 인간의 삶의 기초가 되기 때문에 인성이 중요하고 인성교육이 필요하다. 그러나 실제로는 인성교육이 상당히 공식적, 체계적으로 다루어져 왔으며 지금까지 인성교육이 교육의 핵심 목표가 되지 못하고 있다. 인성교육이 교육의 핵심이 되려면 인식이 바뀌어야 한다.

인성교육은 인간으로서 살아가는 데 필요한 기본적인 가치, 덕목, 능력, 기술을 습득하고 실천하도록 돕는 것을 목적으로 한다. '인간됨'을 강조하는 이유는 아마도 우리가 인간이지만 인간으로서 살아가기에는 많은 어려움이 있기 때문일 것이다. 인간됨의 보편성을 벗어난 행동, 사고, 판단력의 결여는 인성교육의 부재와 결여의 결과이다.

올바른 삶의 가치는 참된 인성을 토대로 구축된다. 21세기 본격적인 산업화 이후 한국은 사회 모든 분야에서 물질적으로 선진화된 서구 지식, 기술, 문화, 과학을 맹목적으로 도입하기 위해 모든 노력을 기울여 왔다. 그 과정에서 존재의 공생과 공존을 뒷받침하는 도덕성과 윤리를 강조하는 문화적 풍토와 토대는 잃어버리고 우리의 오랜 전통적 뿌리인 정신문명의 중요성을 간과하고 인격과 미덕을 배양함에 소홀했다.

특히 500여 년 동안 내려오면서 무의식적으로 체화된 유교의 유폐로 인하여 교육을 개인적·집단적인 필요를 충족시키기 위한 수단으로 보는 사고방식이 널리 확산되어 오늘날 우리 사회에는 교육을 사회적응이나 입신출세를 위한 수단으로 간주하는 경향이 두드러지게 나타나고 있으며, 인성교육 또한 맹목적인 복종을 강조하는 유교적 전통교육의 영향으로 학생들은 수단-목적 관계에서 자유로울 수 없는 형편이 되었다.

다시 말하자면 유학이 과거제도와 결부되면서 관료로 진출하는 것이 출세의 기본 패턴이 되어 인간 됨을 지향하던 성스러운 학문인 유학儒學이 왜곡되기 시작하였다. 즉 정치 관료로서 치인治人이 수기修己보다 중요해지면서 유학의 본질은 은폐되었고 예禮만을 중시한 유교적 형식주의로의 변화 또한 그에 한몫했다. 이런 측면과 더불어 관료주의, 학력주의를 비롯한 왜곡된 입신양명적 사고, 당파주의적 파벌싸움은 유학의 표피적 측면을 오해하게 만들었다. 조선조 유학이 도학道學, 예학禮學, 당쟁黨爭 등으로 학문적 맥락을 비껴왔던 것은 내적인 수양보다는 외적인 형태로 치달았기 때문이다.

현재 한국 교육계의 화두는 '인성교육'이다. 인성교육의 일반적인 의미는 '인성人性에 관한 교육' 즉 personality 교육을 뜻한다. 그러나 영어권에서 말하는 personality가 가치 중립적인 심리학적 개념이라면 동양 문화권에서의 인성人性: human nature은 본래의 품성을 의미하는 가치가 개입된 철학적 개념에 가깝다. 한자 문화권에서는 인성이란 인간의 본성을 의미한다. 일부 학자는 인성을 인격이나 도덕성으로 환원하거나 인성교육을 도덕교육 혹은 인격교육과 동일시하는 경우도 있다. 이 책에서는 넓은 의미의 인성 즉 도덕적인 측면뿐만 아니라 '교육받은' 인간의 특성을 통칭(수양을 통해 본성을 회복하는 것을 포함)하는 것으로 정의하였다.

학생들의 자살, 학교폭력, 일베 문화 등은 학교 현장

에서뿐만 아니라 심각한 사회문제로 대두되고 있는 형편으로 교육은 인간을 가르치고, 인격을 길러주는 일이므로 인성교육을 강조하는 것은 새삼스러운 일이 아니다. 일베는 디시인사이드의 '일간 베스트 게시물'의 줄임말로 너무나도 유해한 콘텐츠들이 쏟아져 나오기 때문에 최근 불거지고 있는 학생들의 일베 문화는 극도로 배타적인 공동체 내에서 이루어지는 위험한 문화 현상을 학생들이 무분별하게 받아들인 것이라 볼 수 있다.

2014년 세월호 참사와 어린이집 교사의 아동학대 사건으로 인성교육의 중요성이 더욱 사회적으로 부각되었다. 2015년 1월에는 국회에서 만장일치로 '인성교육 진흥법'을 제정했고, 교육부는 같은 해 7월 동법의 시행령을 발표하였다. 2015년 7월 21일에 법으로 공포된 '인성교육법'에서 인성교육은 '자신의 내면을 바르고 건전하게 가꾸고 타인, 공동체, 자연과 더불어 살아가는데 필요한 인간다운 성품과 역량을 기르는 것을 목적으로 하는 교육'이라고 정의 내린 바가 있다.

인성교육진흥법
[시행 2019. 6. 19.] [법률 제15958호, 2018. 12. 18., 일부개정]

제2조(정의) 이 법에서 사용하는 용어의 뜻은 다음과 같다.
<개정 2017. 12. 19.>

1. "인성교육"이란 자신의 내면을 바르고 건전하게 가꾸고 타인·공동체·자연과 더불어 살아가는 데 필요한 인간다운 성품과 역량을 기르는 것을 목적으로 하는 교육을 말한다.
2. "핵심 가치·덕목"이란 인성교육의 목표가 되는 것으로 예(禮), 효(孝), 정직, 책임, 존중, 배려, 소통, 협동 등의 마음가짐이나 사람됨과 관련되는 핵심적인 가치 또는 덕목을 말한다.
3. "핵심 역량"이란 핵심 가치·덕목을 적극적이고 능동적으로 실천 또는 실행하는 데 필요한 지식과 공감·소통하는 의사소통능력이나 갈등 해결능력 등이 통합된 능력을 말한다.
4. "학교"란 다음 각 목의 어느 하나에 해당하는 기관을 말한다.
  가.「유아교육법」제2조 제2호에 따른 유치원
  나.「초·중등교육법」제2조에 따른 학교
  다.「재외국민의 교육지원 등에 관한 법률」제2조 제3호에 따른 한국학교

교육부는 인성교육을 위한 단독법이 만들어진 것은 세계 최초라고 언급하며 2016년부터 모든 학교에서 인성교육계획을 수립하고 시행해야 함을 강조했다. 학교 현장에서 조화롭고 올바른 인성을 갖춘 학생을 양성하고자 하는 인성교육은 이러한 관계성에 초점을 두고 있다.

하지만, 우리나라의 인성교육에는 여러 가지 문제점들이 있는데, 먼저 용어의 복잡화이다. 많은 단어들이 난립하고 있어 일정한 질서를 잡기가 힘든 실정이고, 또한 인성교육이나 성품 교육은 주로 덕목virtue을 중심으로

진행되고 있는데, 무엇보다도 덕목 추출의 근거가 매우 빈약하다는 점이다.

또 한 학교 현장의 필요에 의한 인성교육이 강조된 것이 아니라 세월호 사건, 영유아 교사의 아동학대 사건 등 사회 전반에 나타난 도덕적 해이moral hazard 문제를 가라앉히기 위한 긴급 대응책으로 구상된 경향이 없지 않으므로 당장 눈에 띄는 병리 현상을 없애거나 성급하게 도덕적 행동 조성을 서두르다 보면 시간이 걸리더라도 교과와 삶을 통해 제대로 된 인성을 함양하고자 하는 근본적인 교육적 시도가 오히려 저해를 받을 수 있기 때문이다.

따라서 교육 현장에서 인성교육을 올바로 실현하기 위해서는 학습공간에 대해 비판적으로 검토하고 학습 주체에 대한 이해를 새롭게 할 필요가 있다. 자연환경과 분리된 현재의 교육환경은 학습 주체와 공동체 사이의 연대감을 약화하게 되고, 학생들은 자신의 안정된 미래를 보장받고자 학교가 제시하는 객관적인 지식습득에 매진하며, 순응과 복종에 익숙하여지게 되므로 관계 차원에서 다양한 존재와의 올바른 관계 맺기 및 관계 조율을 토대로 한 인성교육에 대한 논의가 절실히 필요한 실정이다.

2014년 세월호 참사와 관련한 포럼에서 프랑스의 석학 기 소르망Guy Sorman은 참사에서 많은 학생들이 희생된 원인을 한국사회의 '유교적 전통'에서 찾고 있다. 세월호 참사 당시 비록 '가만히 있었던' 학생들의 행동이 비합리적이거나 어리석은 것은 아니었다 해도 그들의 행동은 분명 아쉬움을 남기는 행동이었다. 그것이 결과가 죽음이라는 사실에서 보면 그렇다. 만일 세월호의 학생들이 학교와 사회에서 자신의 생각을 다른 사람들 앞에서 공개적으로 말하고 공개적으로 의견을 교환하는 경험을 좀 더 많이 가졌더라면 어린 학생들은 '가만히 있어라'는 말에도 불구하고 다른 가능성을 찾고자 시도했을지도 모르기 때문이다. 그는 세월호 참사를 한국 사회에 내재한 유교 전통이 "계층화된 의사결정을 유발하고 부정적인 결과를 초래한" 사건으로 보았다. "복종을 강조하는 유교적 전통교육"은 갑골복사甲骨卜辭에서 보이듯이 인간은 상제上帝에 대해 수직적 절대복종의 관계에 있었기 때문에 모든 중요한 일은 점복卜에 의해 결정되었다.

갑골복사甲骨卜辭란 상주 시대(기원전 14세기에서 기원전 11세기경)에 거북의 껍질이나 짐승의 뼈 등에 기록한 점복을 위한 문자를 말한다. 이는 본래 횡적인 쌍무 윤리였던 유가의 윤리가 종적인 복종의 윤리로 변질된 것으로 유가 스스로 실천을 외면한 명분주의에 빠져들었을 뿐만 아니라 통치자들이 이를 악용하였기 때문이다. 인仁을 근본으로 하는 유학을 받드는 유교는 부모 공경의 의로움을 조상숭배에까지 공동의 예식을 갖추어 구심점으로 삼으면서 그 뿌리를 공고히 해왔으며, 인간적 가치를 존중했던 공자는, 초월적 주재자에 대한 교설敎說이나 의식儀式을 적극 제시하지는 않았지만, '천天' 또는 '천명天命'에 대해 강한 신념과 외경심을 표시하였다.

교육은 특정한 방식으로 인간 문제에 직접 개입하게 되는데, 동양의 유교·불교·도 사상 중에서 특히 유교는 인간개선 문제에 가장 적극적으로 관여하고 있으며, 공자를 비롯한 유학자들은 학생들을 깨우는 과정에서 매우 활발하다.

그러나 이러한 잘못된 통치 이데올로기와 결합 된 유교 교육방법은 앞서 언급한 기 소르망이 지적한 대로 순종을 강요하고 계층화된 의사결정을 일으키는 전통을 강화하는 데에 오히려 일조했다.

교육과 삶을 욕망 충족을 위한 수단으로 간주하는 사

고방식은 도구적 합리성을 강조하는 근대 서양사상의 지적 전통에서 유래한다고 볼 수 있고, 인성교육을 수단-목적 관계로 파악하는 사고방식으로는 인성교육의 진정한 의미를 파악할 수 없으며, 또한 그것을 실현하는 개선 노력 또한 불가능하다. 따라서 인성교육의 의미와 인성교육의 목적과 방법의 관계를 올바르게 파악하는 대안적인 관점은 멀리서 어렵게 찾을 것이 아니라 우리들의 사고를 이루고 있는 동양사상의 생활철학 속에서 찾아볼 수 있다.

이 대안적 관점이 바로 《도덕경》의 핵심주제인 '도道'와 '무위無爲'의 개념에 시사示唆되어 있는데, 다스리는 자治者의 철학으로서 노자는 인성교육의 관점에서 볼 때 '무위無爲'는 노자의 정치철학의 핵심적 개념이다.

무위無爲라는 단어는 노자의 사상을 이해하는데 너무도 많이 잘못 이해되어왔다. 노자의 정치사상을 잘못 이해하여 백성들을 무지무욕하게 하는 것을 우민정치라고 하고 또 무위에 의한 정치를 무정부주의로 잘못 이해하여 마치 인간 생활의 전부를 포기하고 자연으로 고스란히 돌아가라는 주장으로 받아들이는 경우도 있기 때문이다.

'도'에 대한 묘사로 시작하는 《도덕경》은 '인간과 우주 만물이 왜 없지 않고 있는가'에 대한 형이상학적 사유를 전체 사상에 토대로 삼고 있으며, 이 형이상학적 사유의 토대 위에서 '자연自然을 훼손되지 않은 본래의 '무위無爲'를 이상적 행동 양식으로 제시하고 있다.

이와 같은 우리의 현실을 감안할 때 학생들은 어떻게 자신의 삶을 개척하고 환경에 적극적으로 적응할 힘을 얻을 수 있을까? 하나의 교육환경이 바뀌면 어떻게 학생의 자기 주도가 활성화될 수 있을까? 에 대한 질문들을 바탕으로 노자의 《도덕경》을 통해 인성교육에 관해 살펴보고자 한다.

노자의 철학은 지금까지 대부분의 학자들에 의해 도가의 철학이라고 칭해질 만큼 노자사상의 핵심은 오직 '도'인 것으로 이해되어 왔다. 그러나 노자의 철학서인 《도덕경》은 도경道經과 덕경德經으로 그 내용이 나뉘어져 도와 덕이 함께 중요시되고 있다.

1973년에서 1974년에 걸쳐 후난성에서 발굴된 백서본 《노자》는 현존하는 가장 오래된 판본으로 인정되는데 여기에는 이전까지 발견된 판본과는 달리 덕경이 도경보다 앞서 배열되어 있어 노자가 진정으로 발휘해 내고자 한 것은 도가 아니라 덕이라는 것을 반증해 준다고 할 수 있는데, 백서본 《노자》는 1973년 후난성 장사 마왕퇴 한묘(한나라 무덤)에서 발굴되었다. BC 240년에 소전체로 쓴 것을 '백서본 갑'이라고 하고, BC 170년 예서체로 쓴 것을 '백서본을'이라고 한다.

노자는 《도덕경》 제1장에서 "도가도 비상도道可道 非常道"라고 분명하게 말하면서도 왜 '도'에 대해서 말하고 있는가 하는 것이다. 덕경 부분이 앞에, 도경 부분이 뒤에 나와서 '덕도경'이라고 부른다.

그것은 그가 '도'를 이야기함으로써 궁극적으로 드러내고자 한 것이 분명히 있기 때문이다. 즉 노자는 '도'라는 것을 말할 수 없고, 알 수 없으며, 말할 수 있으면 '도'가 아니라고 하면서도 그가 말할 수밖에 없었던 것은 결국 노자가 '도'를 드러내고, '도'를 이야기하고자 함이 아니라 '도'의 무한한 세계를 바탕으로 이 땅에 덕德의 세계를 실현할 것을 갈망했기 때문이다.

노자는 '도'란 "천지만물의 선천적인 근본으로 모든 생명의 원시적인 본성이다"라고 정의하고 있다.

노자가 구체화하려 했던 노자의 이상세계는 '도' 자체가 아니라 '도'가 아닌 '덕'이었다. 도를 구현한 것은 '덕의 세계'이기 때문이며, 제한된 현실의 세계가 이 '행'을 구현하고 '덕'의 세계로 떠오를 때 인간은 아무것도 아니고 진정한 해방을 맞이할 수 있게 된다는 것이다.

《도덕경》 제21장에 "공덕지용 유도시종孔德之容 惟道是從"이란 구절은 "큰 덕의 모습은 오직 '도'를 따르는 것"이라는 뜻으로 여기서 '덕'이라 함은 인간이 하는 모든 행위를 포함한다. 그래서 노자는 가장 훌륭한 활동, 가장 훌륭한 삶, 가장 훌륭한 정치 행위, 가장 훌륭한 지적 활동은 오직 '도'처럼 행동하는 것이라고 강조하고 있다.

그러므로 노자는 우주의 본체이며, 본원인 '도'를 현실의 경험세계로 가져와 인간의 제한된 삶을 절 정치 행위, 윤리적 행위, 인식적 행위, 앎의 행위 등 인대적인 '도'의 세계로 끌어올림으로써 춘추전국시대 당시의 사회 혼란과 부패를 해결하고 치유하고자 한 것으로 이해된다.

이에 모든 우주 만물을 관계로 설명한 노자의 《도덕경》은 인성교육에 시사示唆하는 바가 매우 큰 것으로 "도덕경"은 유무로 대표되는 그것은 두 차원적 관계에서 모든 것의 존재와 작동 방식을 설명한다. 이것이 인성교육에 적용된다면 인성의 정의는 관계적 측면에서 풍성하게 논의할 수 있으며 다양한 관계상황, 커뮤니티 상황, 글로벌 영역에 따라 체계적으로 인성교육에 접근이 가능할 것이다. 또한, 거대한 그물처럼 내면의 관계 구조 안에서 내면의 평화를 찾고, 공동체를 이해하고, 자연과 조화롭게 살 수 있는 방향을 모색할 수 있게 될 것이다.

이로 인성교육에 대한 해답을 노자의 《도덕경》에서 찾아보고자 한다. 노자 사상은 현대 사회가 직면하고 있는 4차 산업혁명 시대의 도래로 인한 인성교육의 불안과 공포로부터 자유로워질 수 있는 탈현대 사회로의 새로운 패러다임paradigm을 기획할 수 있는 가능성을 내포하고 있기 때문이다.

《도덕경》은 죽간본竹簡本, 백서본帛書本, 통행본通行本에 따라 일부 내용이 차이를 보이는데, 이 책에서는 《도덕경》 텍스트 중에서 현재까지 내려온 통행본을 기본 텍스트로 삼았으며, 하상공河上公, 왕필王弼의 주석서 등을 참고하였다.

죽간본은 1993년 중국 후베이성湖北城 형문시荊門市 곽

점郭店 1호 초묘楚墓에서 804매 죽간이 발굴되었는데 그 가운데 71매(총 2,046자로 통행본의 5분의 2에 해당하는 분량)의 노자 관련 자료가 출토되었다. 죽간《노자》 갑·을·병 세 가지 절본節本은 통행본《노자》 81개 장 가운데 31개 장을 포함하고 있다. 기원전 300년 전후에 매장된 무덤에서 나왔다는 죽간본은 지금까지 볼 수 없었던《노자》가운데 가장 이른 것이다. 특히 병본의 경우 죽간의 길이와 문체, 사상의 특징을 고찰하여 기원전 4세기 이전(공자 이전) 혹은 공자와 동시에 이루어진 것으로 추정하고 있다. 죽간본은 당시 사회에서 유전하는 여러 가지《노자》어록 또는 저술을 모아 만든 것으로 춘추 말년부터 내려오던 것을 전국 말년에 이르러 집성하고 증보하여 비교적 완정完整한 백서본과 통행본이 된 것으로 추정할 수 있다.

백서본은 1973년, 중국 후난성湖南城 창사長沙 마왕퇴한묘馬王堆 漢墓, 기원전 168년, 한문제 12년에서 비단으로 씌어진 백서본은 갑본[글자체가 비교적 오래된 것으로 적어도 한고조(재위 기원전 180-기원전 157) 이전 것으로 추정, 유방의 이름을 기피하지 않음]과 을본[한고조 유방의 이름인 방邦 자와 더불어 영盈(한나라 혜제惠帝의 이름, 재위 기원전 180-기원전 157) 자와 항恒(한 문제文帝의 이름, 재위 기원전 195-기원전 188) 자를 피휘한 것으로 보아 한 혜제 이후의 판본]으로 나누어져 있으며, 형식적인 면에서 갑본이나 을본 모두 〈도편道編〉과 〈덕편德編〉으로 나누어 놓았지만, 통행본과 달리〈덕편〉 38장~81장이 〈도편〉 1~36장보다 앞에 위치하며 각 장의 구분이 없으며, 일부 장은 통행본과 순서가 바뀌어 있고 일부 허사(예: 야也, 의矣 등)가 빈번하게 사용되는 것에서 차이가 있으나 통행본과 내용상 거의 차이가 없다.

통행본은 오늘날 전해지는 《노자》는 중국 삼국시대 위魏나라 산양山陽 고평高平 사람인 왕필(서기 226-서기 249)이 지은 《노자도덕경주老子道德經注》로 위진 이래 《노자》의 표준이 되어왔다. 본 글에서는 《도덕경》의 원문을 인용할 때 원의에 어긋나지 않는 한도 내에서 문맥이 최대한 한국어와 소통하도록 문맥이 통하도록 해석하는 데 중점을 두어 기록하였다.

2. 삶의 터전으로서의 인성

인간의 삶의 터전인 이 사회에서 존재의 세계는 무無라는 공간이 있어야만 유有라는 세계가 쓸모가 있게 된다. 도덕경은 자연과 삶의 이치를 담은 고서로 노자는 무위자연無爲自然, 즉 자연을 아름다운 대상으로만 보지 말고 생명의 터전으로도 보라고 한다. 생명의 터전인 도를 파괴하면 결국 자신을 망치게 되기에 온전함의 정신을 품고, 온전함의 관점에서 세상을 보고 살라고 한다.

인성 교육은 인간으로 살아가기 위해 필요한 기본적인 가치, 덕목, 역량 및 기술을 습득하고 실천할 수 있도록 돕는 '인간 됨'을 교육목표로 한다. 인간이기를 강조하는 이면에는 인간이지만 인간으로서 기대되는 행동과 생각, 판단을 갖추지 못한 상태로 살아가는 경우가 있기 때문이다.

예로부터 인성교육은 학교보다는 가정에서 암묵적 교육을 원칙으로 하는 것으로 여겨져 왔다. 그러나 최근 들어 가족의 기능과 부모의 역할이 약화되면서 인성교육도 학교 교육의 중요한 부분이 되었다. 이러한 시대와 사회의 요구와 요구에 부응하여 2015년 인성교육진흥법이 공포되었다. 국내외적으로 다양한 이슈가 있었지만, 인성교육은 통합적 관점에서 정의할 수 있다. 인성은 학교, 가정, 지역사회에서의 삶의 맥락에서 실천과 경험, 깨달음과 느낌을 통해 개발된다고 정의할 수 있다.

실천과 깨달음이 이끄는 인성교육은 자신을 이해하고, 타인과 더불어 살기, 삶의 터전을 좋은 곳 만들기로 구성되어 있다. 인성교육의 첫 번째 요소인 '나' 자신에 대한 이해와 관련하여 우리는 우리에게 중요한 가치, 신념, 삶의 목적을 명확히 할 필요가 있다.

또한, 자신의 강점과 약점을 이해하고 충분한 자기 규제 및 자기 관리 능력을 충분히 갖춰야 한다. 이는 다양한 분야와 과제에서 도전과 성공, 실패를 통해 습득할 수 있는 '자기 이해' 역량이라고 할 수 있다.

인성교육의 두 번째 요소인 타인과의 삶과 관련하여 기본적인 의사소통 능력과 공감 능력을 갖추어야 하며 갈등 해결, 타협 등의 문제 해결 능력을 키워야 한다. 또한, 용서와 화해를 통해 인간관계로 인한 상처와 상처를 치유하는 방법을 배워야 한다. 이를 '대인관계' 역량이라 할 수 있으며, 이는 다양한 사람들과의 잦은 만남과 깊이 있는 교류를 통해 개발되며, 이 과정을 통해 함께 사는 지혜를 얻게 된다.

더 나은 삶의 터전을 만드는 인성교육의 세 번째 요소와 관련하여 우리는 우리가 속한 공동체에 대한 소속감과 애정을 가질 뿐만 아니라 삶의 터전을 발전시킬 수 있도록 생각하고 실천해야 한다. 더 나은 곳으로. 이를 '시민권' 역량이라 할 수 있으며, 가정, 학교, 사회, 국가, 지구촌을 더 살기 좋은 곳으로 만들어 나의 성장과 번영이 가능하도록 해야 할 책임이 있다. 구체적인 실천을 통해 시민으로서의 책임을 다하고, 이러한 실천이 더 나은 곳으로 변모하는 선순환을 경험하는 것이 필요하다.

인성이 중요하고 인성교육이 필요하다고 주장하는 사람들이 많지만, 사실 인성교육은 오래전부터 표면적 형식에 맞춘 목적으로 다루어져 왔다. 인성교육이 교육의 핵심적 목적으로 자리 잡기 위해서는 인식이 바뀌어야 한다. 좋은 인격을 가진 사람들이 지능이나 학점의 우열이나 열등보다 더 인정받고 존경받는 사회가 되어야 한다. 인성교육은 우리 자신과 지역사회가 함께 발전하고 발전할 수 있도록 생각하고 노력하는 사람을 양성하는 것이며, 이러한 교육은 실천과 깨달음을 통해 이루어져야 한다.

타인에게 피해를 입히거나 피해를 주는 사회적 사건이 발생했을 때 눈길을 끄는 것은 인성이다. 사람다운 사람이 되기 위해 필요한 것이 인성교육인데 특히 청소년과 학생에 의한 사건·사고의 경우 인성교육이 특히 중요하다.

우리가 살고 있는 사회에는 '공존의 사회'와 '더불어 사는 사회'에 대한 요구에도 불구하고 구체적이고 실천적인 방법과 경로를 모르는 상황이 있다. 이에 대한 근본적인 대책으로 인성교육의 중요성을 일깨워주었다.

학생·청소년 사회를 보자. 폭력, 따돌림, 사이버 괴롭힘, 청소년 자살 등이 사회적 문제로 대두되고 있다. 사회에서는 어른들과 공무원들의 부도덕한 행동이 비난의 대상이 되었고, 사회의 가치 기준이 혼돈에 빠졌다. 주거지가 흔들리고 사회적 불안이 들끓고 있다. 인성의 결핍으로 삶의 터전이 흔들려 사회 불안을 초래하고 있다.

인간 다운 삶을 영위하기 위한 보호로 헌법, 교육기본법, 인성교육진흥법, 지방자치단체의 인성교육 지원 등에서는 행복추구권을 '모든 국민은 행복추구권을 가진다'로 규정하고 인성을 기본권으로 인정하고 있다. 또한, 인성교육은 홍익인간의 이념과 민주시민으로서의 자질을 함양하기 위한 전인교육 구현에 근거를 두고 있다.

인간 다운 삶을 영위하기 위한 삶의 터전은 자신의 내면을 바르고 건전하게 가꾸고 타인·공동체·자연과 더불어 살아가는데 필요한 인간다운 성품과 역량를 기른다는 인성교육의 목적이 실현될 때 비로써 굳건해질 수 있다.

인애가 있기에 용기가 있고, 검소하기에 널리 베풀수 있고, 나서지 않기에 훌륭한 지도자가 될 수 있다.

II

세상을
살아가는 지혜,
무익

II. 세상을 살아가는 지혜, 무위

1. 무위자연無爲自然의 도道

1) 도道의 개념과 성격

(1) 도道란?

혼연히 이루어진 것이 있어서 천지보다 먼저 생겼다. 소리도 없고 형체도 없구나! 홀로 서서 바뀌지 아니하고 두루 통행하되 위태하지 아니하여 천하의 어미가 될 수 있다. 나는 그 이름을 알지 못하여 그것을 자字로 지어 도道라고 부르고 억지로 그것을 이름하여 대大라고 하고자 한다.

— 《도덕경》 25장 중 —

有物混成, 先天地生. 寂兮寥兮! 獨立不改,
유물혼성   선천지생   적혜요혜   독립불개

周行而不殆, 可以爲天下母, 吾不知其名,
주행이불태　　　　　가이위천하모　　　　　오부지기명

字之曰道, 强爲之名曰大.
자지왈도　　　　강위지명왈대

《노자》 원문 해석은 이강수(2007)의 《노자》 (서울: 도서출판 길)를 사용하였다. 《노자》는 전체 5,000여 자로 구성되어 있는데, 이 책에 실린 원문은 왕필주王弼注 화성장씨본華亭張氏本을 저본으로 백서본 등 다른 판본뿐만 아니라, 임계유의 《노자신역老子新譯》, 율곡 이이의 《순언醇言》 등을 참고하여 깊이 있게 번역한 것으로 노자사상을 잘 드러낸 저작이라 판단되기 때문이다.

노자는 "천지보다 먼저 생겨나 홀연히 홀로 서서 바뀌지 아니하며," 나아가 천지 사이 어디에나 들어가고 통행 할 수 있으며, '천하의 어미'가 될 수 있는 어떤 궁극적인 실체를 '도'라 한다. 즉 천지만물 어디에나 통하면서 천지만물의 존재와 생성변화의 중심축에 해당하는 어떤 실체를 도道라고 정의한 것이다.

이런 맥락에서 도의 가장 큰 능력은 무엇보다도 '만물을 생성하는' 것이다. 만물의 생성원리로서 도는 유형화

되어 만물로 나타난다. 인간을 포함하여 모든 사물은 도에 의해 형상을 갖추게 되기 때문에 사물의 각각은 궁극적 실체인 도를 나누어 가지게 된다.

이러한 도는 "그 가운데 상象이 있고, 물物이 있으며, 참되고 진실한 것"으로서 다음과 같이 설명된다.

—《도덕경》 21장 중 —

其中有象, 恍兮惚兮, 其中有物, 窈兮冥兮,
　기중유상　　　황혜홀혜　　　기중유물　　　요혜명혜

其中有精, 其精甚眞, 其中有信.
　기중유정　　　기정심진　　　기중유신

보아도 보이지 아니하는 것을 이름하여 '이(막막하고 평이함)'라 하고, 들어도 들리지 않는 것을 이름하여 '희(소리가 없거나 너무 작음)'라 하고, 어루만져도 만져지지 않는 것을 이름하여 '미(미세함)'라 한다. 이 세 가지는 헤아릴 수 없는지라, 그러므로 혼연히 하나가 된다. 일一이라는 것은 그 이전은 유구하지 아니하며, 그 이후는 짧지 않다. 뿌리를 찾아가며 캐고자 함이여! 그래도 구체적으로 그 것을 일러 형상이 없는 형상이요, 어떤 사물로 보이지 않는 형상이라고 한다. 이를 일러 '홀황忽恍'이라고 한다.

— 《도덕경》14장 중 —

視之不見, 名曰夷, 聽之不聞, 名曰希, 搏之不得,
시지불견　　　명왈이　　　청지불문　　　명왈희　　　박지부득

名曰微, 此三者, 不可致詰, 故混而爲一,
명왈미　　　차삼자　　　불가치힐　　　고혼이위일

其上不皦, 其下不昧, 繩繩不可名, 復歸於無物,
기상불교　　　기하불매　　　승승불가명　　　복귀어무물

是謂無狀之狀, 無物之狀, 是謂惚恍.
시위무상지상　　　무물지상　　　시위홀황

도는 볼 수도 없고 들을 수도 없으며 잡을 수도 헤아릴
수도 없는 것으로 감각기관이나 사려思慮의 대상이 될 수
없다. 노자는 도를 감각기관이나 사려로 파악할 수 없으
므로 구별되지 않는 하나[一]라고 말한다. 이렇게 구별되지
않는 도를 까마득하여 이름할 수 없다고 하였다. 이에
노자는 "도는 영원히 이름이 없어(32장:도상무명道常無名)"
다만 "자字로서 도라고 부를"뿐이다.

(2) 도의 성격

도는 다른 무엇으로부터 나온 것이 아니고 그 자체가
천지만물 존재의 최종적 근원인 것이다. 비록 도가 천지
만물을 끊임없이 생성하지만, 그 자신은 언제나 변함이

없기에 도는 "만물의 근원(만물지종萬物之宗)"이 된다. 노자가 말하는 도의 성격을 살펴보면 다음과 같다.

① 무위無爲

대도는 넘쳐흘러 왼쪽으로도 오른쪽으로도 두루 흐를 수 있다. 만물이 그에 의지하여 생겨나지만 간섭하지 않고, 공이 이루어져도 그 공이 자기에게 있다고 하지 아니하여 만물을 입히고 기르면서도 주재하지 않는다.

— 《도덕경》 34장 중 —

大道氾兮, 其可左右, 萬物恃之而生而不辭,
대도범혜   기가좌우   만물시지이생이불사

功成不名有, 衣養萬物而不爲主.
공성불명유   의양만물이불위주

도의 힘은 범람하는 황하의 물처럼 언제나 흘러넘친다. 그 도의 작용이 작동하지 않는 곳이 없다. 그것은 마치 태양빛이 온 누리에 널리 퍼져서 환하게 비추는 것과 동일하다. 세상의 온갖 것들이 그에 힘입어 생겨나지 않은 것이 없다. 그럼에도 불구하고 도는 온갖 만물에 간여하거나 지배하려고 하지 않고, 공이 이루 말할 수 없이 커도 자기가 공을 세웠다고 말하는 일이 없으며, 만물을 보호하고 기르면서도 주재하지 않는다. 즉 도가 만물을 주재하지 않는다는 것은 만물에게 맡긴다는 것이다.

다시 말하면 도는 근원적 존재로 시공을 초월하여 우리의 감각기관으로 지각할 수 없는 대상임과 동시에 우주 만물에 보편적으로 혼연해 있다. 도는 만물의 생성원리로 도의 가장 큰 공능은 무엇보다도 '만물을 생성하는' 것이다. 이것은 "천하 만물은 유有에서 나오고 유는 무無에서 나온다는 것으로 사람을 포함한 천하의 모든 물物은 도에 의해서 그 형상을 갖추게 되었으며, 각각의 존재는 궁극적 실체인 도를 나누어 가진다는 것이다. 즉 도가 만물을 생성하고 화육하지만 주재하지 않는 무위의 성격을 지니고 있다는 것이다.

② 자연自然

"억지로 인자해지려고 하면 오히려 위선이 되고, 질서를 유지하려고 하면 오히려 어지럽게 되어버리고, 평안해 보려고 함은 오히려 위태롭게 되어 버린다(...) 공이라 하는 것은 취할 수 없는 것이요, 아름다움이라 하는 것은 쓸 수가 없는 것이다.

이처럼 노자는 무위자연無爲自然을 중요시한다. 무위자연은 개개인의 독특함과 만물의 평등과 밀접한 관련이 있다. 유가는 인간의 독특한 관점과 모든 인간의 평등을 인식하고 다른 사람의 관점을 존중하는 것을 서恕와 사양지심辭讓之心이라고 주장하는 반면, 도가에서는 그것이 마음이라고 주장하면서 다른 사람을 존중하고 모든 사람의 존엄성을 동등하게 생각하며 그것을 이타적인 느낌으로 서이행지恕而行之 하는 것을 무위자연無爲自然이라 하여 높이 평가한다. 자신의 가치관이나 타인에 대한 견해를 강요하지 않는 태도는 사람마다 다른 특이성을 소중히 하는 태도이기도 하다.

③ 대립전화對立轉化

노자는 모든 현상이 대립관계 안에서 생성된다고 주장한다. 우리들은 일면의 가시적 대상만을 사고하지만, 노자 철학에서 나타난 도道의 특징은 그 반면에서 사고할 때 대립·전화를 인식할 수 있다고 강조한다. 그리고 그는 인간사의 가치까지도 상대성으로 형성된다고 주장한다.

"천하의 사람들이 모두 아름다운 것을 아름답다고 여기나 여기에 바로 추한 것이 있게 되고, 선한 것을 선한 것으로 여기나 바로 여기에 좋지 아니한 것이 있게 된다. 그러므로 유와 무는 서로 생겨나게 하고, 어려운 것과 쉬운 것은 서로 이루어지게 하고, 길고 짧은 것이 서로 드러나게 하고 높은 것과 낮은 것이 서로 채워주며, 음音과 성聲이 서로 조화를 이루며, 앞과 뒤가 서로 따른다.

— 《도덕경》 2장 중 —

天下皆知美之爲美, 斯惡已,
천하개지미지위미　　　사악이

皆知善之爲善, 斯不善已,
개지선지위선　　　　사불선이

故有無相生, 難易相成, 長短相較, 高下相傾,
고유무상생　　난이상성　　　장단상교　　　고하상경

音聲相和, 前後相隨.
음성상화　　　전후상수

노자는 일면에서 반면으로 복귀하는 복합적 사고 즉 '대립 · 전화' 함에서 오히려 반면이 일면의 작용을 능가한다고 말하고 있다.

다시 말해서 노자는 연약한 암컷이 씩씩한 수컷보다 위에 위치하게 하고, 뒤따르는 것이 앞서가는 것보다 우선하고 있다. 사실 우리가 현상에서 보아도 위高는 언제나 아래下에 의존하여 개체를 유지하고, 건乾은 만물이 비롯되는 원초적인 힘만 제공하는 반면에 곤坤은 땅의 생산하는 모체로써 만물이 생육되는 지덕至德의 선善을 가지고 있다. 그래서 노자는 생산적 모체인 곤坤에 일차성에 두는 이유도 여기에 있다. 그것을 다음과 같이 천명한다.

"도道는 만물을 낳고, 덕德은 이를 기르고, 자라게 하고, 양육하고, 성숙케 하고, 보양하고 감싸준다."

— 《도덕경》 61장 중 —

大國者下流, 天下之交, 天下之牝.
대국자하류　　　천하지교　　　천하지빈

牝常以靜勝牡, 以靜爲下.
빈상이정승모　　　이정위하

즉 위[高] 보다는 아래[下]를 근원으로 삼고 있음을 알수 있다. 그는 또 유무有無 관계에서도 "유有는 사람에게 편리함을 제공하지만, 무無가 유有의 작용을 발휘하게 한다라고 하였다.

— 《도덕경》 11장 중 —

挺埴以爲器, 當其無, 有器之用.
연식이위기　　　당기무　　　유기이용

鑿戶有以爲室, 當其無, 有室之用.
착호유이위실　　　당기무　　　유실지용

만일 유有만 있고, 무無가 없다면 현상의 유有는 작용

할 수 없다는 논리이다.

노자는 "반反은 도道의 움직임"이라 기술한다. 노자는 도의 운동이 반反에 있으며, 사물의 측면에서 보면 사람들이 말하는 미美와 추醜, 선善과 악惡은 서로 통한다는 것이다. 대립 면이 하나로 통한다고 보는 논리에서 보면 사물이 대립 면으로 이행된다고 보는 것은 당연한 귀결이다. 상대방이 하나로 소통한다는 논리에서 사물이 반대편으로 전달되는 것을 보는 것은 당연하다. 그래서 노자는 다음과 같이 말하기도 한다.

화여! 복이 의지하는 바이오, 복이여! 화가 엎드려 숨어 있는 바이니, 누가 그 궁극을 알리요? 아마 일정한 준칙이 없지 아니할까? 정상적인 것은 다시 기이한 것이 되며, 선善이 다시 요사스러운 것이 되니, 사람들이 미혹한 그날이 벌써 오래인지라.

― 《도덕경》 58장 중 ―

禍兮福之所倚, 福兮禍之所伏, 孰知其極, 其無正,
화혜복지소의　　　복혜화지소복　　　숙지기극　　　기무정

正復爲奇, 善復爲妖, 人之迷, 其日固久.
정복위기　　　정복위요　　　인지미　　　기일고구

노자가 보기에 복福은 화를 품고 있고, 화는 복을 품고 있다. 화 가운데 복이 있고 복 가운데 화가 있듯이 모든 일에는 대립하는 사태가 꼬리에 꼬리를 물고 끝없이 이어진다는 것이다. 어느 쪽이 정면이고 어느 쪽이 반면인지 알 수 없다. 대립전화 속에 사물이 존재하기 때문이다.

사물의 대립 또는 전환은 사물이 특정 방향으로 바뀌고 노출된 부분이 더는 유지할 수 없는 지점에 도달하면 상황이 반전되는 것을 의미한다. 그것은 반전 뒤의 또다른 반전은 지속적인 변화를 보여준다. 대결의 관점에서 보면 세상은 그 자체로 변화다.

"사나운 바람은 하루아침을 다하지 못하며, 폭우는 하루를 다하지 못하니, 누가 이렇게 하는가? 천지이다. 천지조차도 오히려 오래갈 수 없거늘, 하물며 사람이 하는 일에 서랴!"라고 스스로 답한다.

— 《도덕경》 23장 중 —

故飄風不終朝, 驟雨不終日, 孰爲此者, 天地,
고표풍부종조　　　　　취우부종일　　　　숙위차자　　　　천지,

天地尙不能久, 而況於人乎.
천지상불능구　　　　　이황어인호

천지도 변하는데 사람들이 하는 일이 어떻게 변하지 않을 수 있겠느냐고 본 것이다. 모든 것이 변화의 세계에서 벗어날 수 없다는 것을 받아들이고, 사물이 반대편으로 돌아가는 것도 가능하다는 것을 수용하면 '사물이 대립 면으로 돌아가는 것이 도道의 움직임'이라는 말은 어렵지 않게 이해된다.

2. 무작위無作爲의 덕德

1) 덕德의 의미

왕필은 만물에 내재하는 도, 즉 만물이 도를 얻은 것을 덕이라고 보았다. 그래서 "도는 만물이 그것으로부터 말미암는 것이고, 덕은 만물이 그것을 얻은 바이다."라고 하였다(대배臺北: 화정서국 누우렬華正書局 樓宇烈, 왕필집교역王弼集校繹, 1992). 결국, 노자는 덕이라는 것은 내재적인 도의 다른 이름일 뿐이라는 것이다. 그러므로 최고의 덕은 도가 현실에서 실현되는 것이다.

노자가 말하는 도는 미분화 된 혼돈의 상태이다. 노자는 만물을 창조하는 과정을 묘사한다. 그래서 그는 "도는 하나를 낳고, 하나는 둘을 낳고, 둘은 셋을 낳는다.

— 《도덕경》 42장 중 —

道生一, 一生二, 二生三, 三生萬物.
도생일   일생이   이생삼   삼생만물

모든 것이 도에서 출발하여 도로 돌아간다는 뜻으로

노자는 "도에서 하나가 생기고(도생일道生一), 하나에서 둘이 생기고(일생이一生二), 둘에서 셋이 생기고(이생삼二生三) 셋이 만물을 낳는다(삼생만물三生萬物)." 그런데 이 만물은 다시 하나로 돌아간다는 것이 도의 움직임이라는 것이다.

기독교에서 모든 것이 하나님에게서 나왔지만 모든 것이 하나님께로 돌아가는 것이라 말하는 이치와 같은 원리다. 문제는 반환의 원칙과 행동이 다시 말하면 도에 기인할 수 있는 것은 강한 것이 아니라 약한 것, 즉 약한 것이다.

하늘은 일一을 얻어서 청명하고, 땅은 일一을 얻어서 편안하고, 신은 일一을 얻어서 영험하고, 골짜기는 일一을 얻어서 충만하고, 만물은 일一을 얻어서 생성하고, 제후와 천자는 일一을 얻어서 천하의 수령이 된다.

— 《도덕경》 39장 중 —

天得一以淸, 地得一以寧, 神得一以靈,
천득일이청   지득일이녕   신득일이령

谷得一以盈, 萬物得一以生,
곡득일이영   만물득일이생

侯王得一以爲天下貞.
후왕득일이위천하정

하늘은 맑고, 땅은 편안하며, 신은 영적이고 골짜기가 충만하며, 만물이 창조되고, 제후와 천자가 천하의 수령이 되는 개체화의 원리個體化原理: principle of individuation가 구현된 '다多'의 세계를 얻을 수 있는 것은 즉, 개인화의 원리가 구현된 '멀티'의 세계를 얻을 수 있다는 것은 그 속에 공히 '일一'이 되는 전체의 원리가 스며있기 때문이다. 이는 결국 통일시키는 도의 원리가 다채로운 구현에 작용하고 있다는 것이 된다.

다시 말해 개체화의 원리는 개체를 개체로서 다른 것으로부터 구별하는 형이상학적 원리를 말한다. 아리스토텔레스도 개체의 질료적質料的 측면이 그 개별성을 이루는 것이며, 형상形相은 보편적 본성으로서 많은 개체 간에 공통된 것이라고 주장하였다.

2) 덕德의 성격

노자는 사람이나 사물을 다스리기보다는 닦을 때 바로 보게 된다. 물로써 물을 보는 이물관물以物觀物의 태도는 정치를 위한 지식을 버리고 사람을 대하고 사물을 이해하는 자세다.

"잘 짓는 사람은 뽑히지 않고, 잘 품는 사람은 벗어나지 않으니, 자손이 제사를 그치지 않는다. 몸에 그것을 닦으면 그 덕이 비로소 참되고, 집에서 그것을 닦으면 그 덕이 비로소 남고, 마을에서 그것을 닦으면 그 덕이 비로소 오래가고, 나라에서 그것을 닦으면 그 덕이 비로소 풍성하고, 천하에서 그것을 닦으면 그 덕이 비로소 두루 미친다. 이럼으로써 몸을 몸으로 보고, 집을 집으로 보고, 마을을 마을로 보고, 나라를 나라로 보고, 천하를 천하로 본다. 나는 어떻게 천하가 그런지를 아는가? 이렇게 함으로써 그렇다."

— 《도덕경》 54장 —

善建者不拔, 善抱者不脫, 子孫以祭祀不輟,
선건자불발　　　선포자불탈　　　자손이제사불철

修之於身, 其德乃眞, 修之於家, 其德乃餘,
수지어신　　　기덕내진　　　수지어가　　　기덕내여

修之於鄉, 其德乃長, 修之於國, 其德乃豊,
수지어향　　　기덕내장　　　수지어국　　　기덕내풍

修之於天下, 其德乃普, 故以身觀身, 以家觀家,
수지어천하　　　기덕내보　　　고이신관신　　　이가관가

以鄉觀鄉, 以國觀國, 以天下觀天下,
이향관향　　　이국관국　　　이천하관천하

吾何以知天下然哉, 以此.
오하이지천하연재　　　이차

만물이 일_을 얻어 생성된다. 이렇게 실현된 덕德은 허정虛靜의 성격을 지니게 된다. 노자는 "허虛를 극에 이르게 하고, 정靜을 독실하게 지켜서 만물이 다 같이 생장 발전할 때에 나는 그로써 되돌아감을 본다. 온갖 사물과 사건이 많고 어지럽게 변화할지라도 결국 각각 그들의 뿌리로 돌아간다."라고 하여 사물의 뿌리로서 도와 허정의 성격을 지니는 덕을 설명하고 있다.

— 《도덕경》 16장 중 —

致虛極, 守靜篤, 萬物竝作, 吾以觀復, 夫物芸芸,
치허극   수정독   만물병작   오이관복   부물운운

各復歸其根.
각복귀기근

노자는 도가 생산되고 덕이 길러 졌다고 믿었다. 양육, 결실, 숙성, 양육 및 보호를 통해 생명을 신장伸張하고 완성시키는 허정虛靜한 덕은 생성과 조화의 역할을 하게 된다. 노자는 이것에 국한되지 않고 덕을 다시 상덕上德과 하덕下德으로 구분하였다. 상덕은 무이위無以爲 무위無爲의 덕이고, 하덕은 유이위有以爲하는 미덕을 주려고 할 때 인위적이고 편견을 드러내는 행위다.

전자는 목적과 의도가 없는 덕이고 후자는 목적과 의도가 분명한 덕이다. 상덕이 덕을 덕으로 보지 않으면 덕이 되고, 하덕은 덕을 덕으로 나타내려는데 덕이 없다. 즉, 상덕은 자신의 덕을 덕으로 보지 않기 때문에 편견이 없고, 하덕은 덕을 제공하려 할 때 인위적이고 치우침이 드러나는 행위라는 것이다.

가장 으뜸가는 덕은 자신의 덕을 덕으로 여기지 아니한지라, 그러므로 덕이 있게 된다. 하덕은 자신의 덕을 잃지 아니하려 하는지라, 이 때문에 덕이 없게 된다. 가장 으뜸가는 덕은 무위하되 편파적으로 함이 없다. 하덕은 인위적으로 하면서도 일을 편파적으로 한다.

— 《도덕경》 16장 중 —

上德不德, 是以有德, 下德不失德, 是以無德,
상덕부덕　　시이유덕　　하덕불실덕　　시이무덕

上德無爲而無以爲, 下德爲之而有以爲.
상덕무위이무이위　　하덕위지이유이위

3) 덕의 특징

공자의 도(인지도人之道)는 의지로 '천天'(상제上帝)에서 완전히 벗어난 것이 아니라 '인간 중심'을 바탕으로 성립한 것이다. 그러므로 공자가 인간이라고 부르는 인, 의, 예, 지 등 '덕'도 의지를 가진 '천'의 영향을 받아 확립되었다. 하지만 공자가 말하는 덕은 만물에 모든 것에 적용되는 보편적 타당성을 얻을 수 있는 인위적이고 인위적인 미덕일 뿐이다.

공자는 주례周禮라는 이전의 사회질서를 이상적으로 생각하고, 인, 의, 예 등의 실천을 통하여 주례의 회복을 주장한다. 즉 "공자는 주례를 절대적이고 보편타당한 사회질서로 볼 뿐만 아니라 사회적 위기의 모든 원인을 통치자의 주관적 윤리의 문제와 동일시하였다. (당군살唐君毅, 노자철학원론) 그 결과 "현세의 삶에 강력한 관심과 실천적 의지를 보이는 인간중심의 철학사상"을 펼쳤다.

그런데 노자는 공자가 말하는 인, 의, 예 등의 덕목들은 '자연'을 벗어난 것으로 하늘의 도(천지도天之道)를 상실하여 성립한 것이라고 한다. 노자는 자연의 도(천지도天之道)를 잃었을 때 인, 의, 예라는 인위적이고 작위적인 덕목들이 나왔다고 생각한다. 그러므로 노자는 공자가 옹호하는 이러한 미덕은 더 큰 혼란을 야기될 뿐만 아니라 인류에 기반한 합법적 규범으로서 만물에도 보편적 타당성을 부여할 수 없다고 한다.

　노자의 덕은 무위자연한 '자연의 도'를 다름으로서 성립한 것이다. 노자의 도는 그 밖에 아무것도 전제하지 않을 뿐만 아니라 '인간'이 아닌 자연(천지도天之道)을 중심으로 하여 성립한 것이다. 노자는 인간이나 만물이 자신에 내재하는 본성인 도를 자각하여 덕의 세계로 회귀할 것을 주장한다.

　노자의 덕에는 세 가지 특징이 있는데, 그것은 무위의 덕, 무욕의 덕, 부쟁不爭의 덕이다. 이 셋은 서로 밀접한 관계를 가지고 있다.

　"맹장은 강한 척하지 않고 덕장은 함부로 성내지 않으며, 용장은 함부로 다투지 않고 현명한 장수는 아랫자리에서 처신한다고 하는데, 이것을 부쟁不爭의 덕德이라 일컫는다."

— 《도덕경》 68장 중 —

善爲士者不武, 善戰者不怒, 善勝敵者不與,
선위사자불무　　　　선전자불노　　　　선승적자불여

善用人者爲之下. 是謂不爭之德.
선용인자위지하　　　　시위불쟁지덕

노자의 도는 무위자연하여 만물을 이루어 주어도 그
것을 소유하려고 하지 않는다. 왜냐하면 '가지려 하지
않음(무욕無慾)'으로써 그것을 진정으로 '가질 수 있기(욕慾)'
때문인 것이다. 노자가 살았던 당시의 사회는 백성들이
경작하는 논밭은 매우 황폐하고 창고는 이미 텅 비어 굶
주리고 있었는데, 귀족들은 매우 호화롭게 살고, 문체
있는 옷을 입고, 예리한 보검을 허리에 차고 맛있는 음식을
배불리 먹으며, 많은 재화를 소유하고 있었다. 그러므로
노자는 그들 귀족들이야말로 진실로 도적이라고 비판한다.

― 《도덕경》 53장 중 ―

朝甚除, 田甚蕪, 倉甚虛, 服文綵, 帶利劍,
조심제　　　전심무　　　창심허　　　복문채　　　대리검

厭飮食, 財貨有餘.
염음식　　　재화유여

그리하여 노자는 만물에게 공평무사한 하늘의 도(천
지도天之道)와 타락하고 부패한 권력계층의 사회인 인간의
도(천지도人之道)를 비교하면서, 만물에게 공평무사한 하늘의
도를 따르지 않고, 백성들을 가혹하게 착취하는 타락하고
부패한 권력계층의 사회를 비판한다. 노자에 따르면 하
늘의 도와 인간의 도는 정반대의 형태로 나타나고 있다.

따라서 노자의 철학은 하나의 부정을 통하여 다른 긍정의 결과를 도출해 내는 기본 논리 하에서 전개되고 있는 것이다. 이러한 의미에서 '무위'는 '무욕'을 도출해 내기 위한 전제에 불과한 것이다. 결론적으로 자연을 벗 삼아 무위함으로써 무욕하게 되고, 무용함으로써 부쟁不爭하게 된다는 점에서 그렇다.

3. 도道와 덕德의 관계

《도덕경》에서 도와 덕의 관계가 가장 잘 나타나 있는 장은《도덕경》제51장이다.

도가 만물을 생기게 하고, 덕이 기르며, 물체가 형상을 지니게 하고, 세勢가 만물을 완성한다. 이 때문에 만물이 도를 높이고, 덕을 귀히 여기지 않는 것이 없나니, 도와 덕이 존귀한 것은 그들이 명령하지 아니하되 언제나 저절로 그러하기 때문이다.

그러므로 도가 생기게 하고, 덕이 기르고 자라게 하며, 육성하고 열매 맺게 하고 숙성하고 가꾸고 보호하되, 생기게 하고서도 소유하지 아니하고, 위해주고서도 그 보답을 바라지 아니하며, 어른이로되 주재하려고 아니하니 이를 일러 현묘한 덕이라고 한다.

— 《도덕경》51장 —

道生之, 德畜之, 物形之, 勢成之,
도생지   덕축지   물형지   세성지

是以萬物莫不存道而貴德, 道之尊, 德之貴,
시이만물막부존도이귀덕   도지존   덕지귀

夫莫之命而常自然, 故道生之, 德畜之, 長之育之,
부막지명이상자연   고덕생지 덕축지   장지육지

亭之毒之, 養之覆之, 生而不有, 爲而不恃,
정지독지 양지복지 생이불유 위이불시

長而不宰, 是謂元(玄)德.
장이부재 시위원(현)덕

이 장章은 '도는 만물을 낳고 덕은 기른다'라는 도와 덕의 상관관계를 이야기하고 있다.

따라서 도가 천지만물이 천지만물로 되게 하는 원리라면, 덕은 개별 사물들이 그것을 가져야 그 사물이 될 수 있는 원리라는 것이다. 즉 만물의 원동력으로서 도가 있고, 그다음에 덕이 있게 되지만, 본질 면에서는 둘은 차이나 간격이 없이 동일한 것으로 이름만 다를 뿐이라는 것이다.

《도덕경》 제51장을 통해서 유추해 볼 수 있는 도와 덕의 관계는 다음과 같다(우버들, 도덕경을 통해 본 인성교육 고찰).

첫째, 《도덕경》의 도와 덕은 서로 독립적이고 구별되지 않는다. "도가 살게 하고, 덕이 기르는 것"은 도는 우주에 있는 모든 것의 존재와 관련이 있다. 그것은 범주이고 덕은 도가 특정한 일이나 세계 역사에서 일하는 방식이다. 다시 말하면 도에 근거하여 만물이 존재하고 덕이 개별 사물에 작용하는 통합된 모습을 보인다.

둘째, 《도덕경》에서 도와 덕은 체體와 용用의 관계를 형성하고 도는 무형이지만 운행하여 "사물이 형성되고 모양이 이루어지는" 다양한 사물을 형용한다. 여러 가지 것들의 형용은 도가 사물에 나타난 것이다.

만물은 도의 발현된 형상이며, 무형의 도가 형상화된 것을 덕이라고 본 것이다. 만물은 각자 본성과 형상에 따라 저마다 다르게 생성화육生成化育하게 된다. 삼라만상이 형형색색의 모습을 지니고 있지만, 모두 도의 본성을 분유하고 있다. 천지만물의 덕은 도의 본성을 떠나서 있을 수 없지만 도는 개개의 사물이 지닌 덕에 제한되지 않는다.

셋째, 《도덕경》의 덕은 도의 하위 차원이 아니다. 덕은 완전무결한 도가 온전히 구현된 것이므로 가치적으로 동일하다. 세상에 대한 오해를 막기 위해 노자는 종종 '덕' 앞에 최고의 수식어를 붙여 '상덕上德', '상덕常德', '현덕玄德'과 같은 용어를 사용했다.

또한, 백서본에는 《도덕경》의 덕 판이 앞쪽에 있고 도편이 뒤쪽에 있다. 형이상학적인 도만을 강조한 것이 아니라 형이하학적인 덕으로 소중히 여기기 때문에 덕 편을 먼저 배열했다고 짐작할 수 있다.

그러므로 노자의 《도덕경》에서는 인위적으로 조작된 덕행의 기준은 진정한 덕이 될 수 없다고 말하고 있다. 즉 전혀 인위적인 조작과 규율이 없는, 자연 그대로의 무위적인 덕행이 진정한 덕이라고 말하고 있는데, 이것은 바로 최고의 깨달음을 이룬 도인의 마음, 즉 전체에 두루 하며, 보편적이고 조화로운 도인의 언행을 올바른 덕이라고 말하고 있다.

III

도덕경에서 드러난 인성과 교육적 특징

III. 도덕경에서 드러난 인성과 교육적 특징

1. 인성과 인성교육

노자철학은 현실비판으로부터 출발하여 이상사회(소국과민小國寡民)와 이상적 인간(성인聖人)이 되는 것을 목표로 한다. 노자가 비판하는 현실은 다양하지만, 그 모든 것의 중심은 인간이다. 인간이 문제를 일으키는 이유 중의 하나는 몸[身]을 가졌기 때문인데, 몸은 육체적 욕구를 가지고 욕심을 일으키기 때문이다. 인간은 권력과 재물에 대한 욕심뿐만 아니라 명예를 지키려고 가장 소중한 목숨까지도 바친다.

그래서 노자가 바라던 세상은 이러한 '인간 죄성'을 넘어선 근본적인 인식의 변혁, 인위가 없는 도의 자연적 운행을 통한 무위자연으로서의 이행으로 그대로 내버려둠을 강조하는 인성과 인성교육의 '메타노이어metanoia' 즉, 인간으로서 의식에 대한 근본적인 변화를 바랐던 것이다.

인성교육인 도덕 교육에 대한 관심은 지금 세계적으로 높아가고 있다.

첫째, 과학기술의 진보와 더불어 인간의 선택 가능성이 확대되었고, 이에 따라 그 선택을 방향 짓는 도덕적 가치의식의 문제가 인류의 생존을 좌우하는, 말하자면 사활을 건 문제로써 부각되었다는 사실이다.

둘째, 가치의 다양성이 아니라 오늘날 문제의 혼란이다. 높은 범죄율, TV 폭력 범람, 성도덕의 무질서가 그 예다.

셋째, 청소년 비행의 증가와 규율의 혼란을 우려하지 않을 수 없게 된 것이다. 1979년 한 해 동안 11번이나 행한 갤럽 여론조사는 단 한 번의 경우를 제외하고는 미국의 초·중등학교가 당면한 가장 큰 교육문제로 '훈육의 결여lack of discipling'를 든 사람이 가장 많았다는 결과를 보인 사실에서도 도덕교육의 중요성이 대두되고 있음을 알 수 있다. 이러한 점은 우리나라도 예외는 아니다.

노자가 살았던 시대는 춘추전국시대로서 제자백가의 백가쟁명이 난무하던 때였다. 노자 사상에 대해서는 익히 잘 알려져 있다. 무위자연無爲自然에 대해 이야기하고 때로는 '유有'와 '무無'의 사상을 언급하기도 한다. 중국 정치가 왕명王明, 1904~74)에 따르면, 그는 "《논어》 반 권이면 천하를 다스릴 수 있다"라고 했고, "《노자》 반 권이면 천하를 바꿀 수 있다"라고 했다. 이는 곧 유학이 그동안 동아시아 전통사회에서 윤리, 도덕, 정치, 교육 등에 큰 영향을 미쳤다면 노자 사상이 '세상 변화에 공헌'한 것이라면, 노자 사상을 '유학이 세상 변화에 공헌하도록 하는 데 이바지했다'라는 것을 알 수 있다. 즉 도가道家의 비판이 유학 생활을 끊임없이 새롭게 하고 있음을 알 수 있다.

춘추전국시대에는 각종 학파의 자기주장이 팽배하였고 그로 인해 제학파의 이론과 지식 등이 거론되기도 하였다. 여기에 노자는 그 나름의 지식론을 설파하게 된다. 다른 어느 때보다 주의 주장이 난무했던 당시였기에 노자의 인성과 교육적 특징에 대한 연구는 그 의미가 매우 크다. 아울러 노자가 강조하는 바, 도道의 세계에 진입하는데 인성人性은 어떻게 이해되고 있는가도 궁금한 일이다.

1) 인성 人性

빠르게 변화하고 있는 사회에서 인간으로서 지녀야 할 참다운 인성이 무엇인지 밝혀내는 것은 어렵다. 그래서 학자들은 현실의 다양한 관점에서 정의하고 있는 실정이다.

이에 학문적으로 연구되어 온 관점은 첫째, 인성을 가치 중립적인 개인의 심리적 특성인 성향 또는 성격 personality으로 보는 관점 둘째, 인성을 도덕적 가치를 포함하는 품성 또는 인격character으로 바라보는 관점 셋째, 인성을 성선설의 입장에서 인간 본성human nature으로 보는 관점이다.

위의 다양한 관점을 살펴보면 성격에 대한 관점은 다르지만 바람직한 가치를 지향한다는 점에서 인성교육에 대한 관점은 공통적이다. 일반적으로 인류는 종교적 또는 철학적 관점에 따라 다양한 용어와 개념으로 나타난다.

인성은 태도 및 역량과 연관된 것으로 정의할 수 있다. 하지만 인성 개념과 인성교육의 방향과 강조점은 가치관 세계관에 따라 달라질 수 있다.

따라서 본 책에서 인성교육은 앞서 살펴본 관점을 종합적으로 고려하여 개인의 자아실현과 사회 발전에 기반을 두고 있다. 삶의 다양한 방식으로 바람직한 가치를 실현할 수 있도록 타고난 잠재력을 발견하고 개발하는 교육으로 정의를 한다. 이 책에서는 서구전통 철학적 관점 및 현대 철학적 관점, 종교적 관점을 바탕으로 인성과 인성교육을 살펴보고자 한다.

첫째, 서양의 전통적 철학적 관점은 인류를 인간의 깊은 내면으로 보고 이를 개발하고 조화시키고 통합하는 인성교육으로 보았다. 플라톤, 아리스토텔레스, 칸트는 모두 인간을 이성적 존재이자 이성을 발전시키고 형성하는 존재로 여겼다. 또한, 영혼과 신성 등 인간의 깊은 내면을 핵심으로 하여 모든 존재와 화합하고 통합하려는 입장으로 보았다.

둘째, 현대의 철학적 관점은 인성과 인성교육을 관계적이고 맥락적인 것으로 간주한다. 전체론적 관점은 한 인간을 넘어서는 관계 측면에서 인간을 개별 존재로 이해한다. 또한, 포스트모더니즘은 고정된 관점에서 벗어나 유동적이고 관계적이며 상황적이라고 보았다.

셋째, 종교적 관점은 인성을 내재적 본성으로 보고 인성교육을 통해 초월의 조화를 실현하고자 했다. 기독교는 신성이 내재 한 영성을, 유교는 타고난 리와 기를, 불교는 포괄하는 초월을 즉, 모두가 부처가 될 수 있는 초월성을 인성으로 여겼다.

서양의 전통적, 현대적 철학적, 종교적 관점에서 살펴본 인성교육과 인성은 〈표 1〉에서 살펴보는 바와 같이 자신이나 다른 존재와의 관계를 소중히 여긴다는 공통점을 가지고 있었다.

〈표 1〉 철학적 · 종교적 관점에서 본 인성과 인성교육

구분		인성	인성교육	공통점	
서구 전통 철학	플라톤	욕구, 격정, 이성으로 이루어진 영혼	영혼의 도야로 이데아에 따라 인간존재를 형성 · 발달시킴	인간의 심원한 내면성을 계발하여 조화, 통합함	관계성
	아리스토텔레스	자연, 이성, 습관의 조화	이성적인 실천적 습관을 통해 고유한 내면을 지닌 개인을 확립		

구분		인성	인성교육	공통점
	칸트	도덕법칙에 따라 자율적으로 활동하는 주체	이성을 발달시켜 인간이 행위의 주체로 자발성을 실행할 수 있게 함	
현대철학	홀리스틱	홀로스(전체)의 조화로움	전체와의 관계를 인식하고 연계, 포괄, 균형 등 조화를 이루게 함	관계적, 상황적임
	포스트모더니즘	올바른 관계를 맺음	배려윤리인 관계적 자아, 상황맥락적 요인, 탈인간중심주의, 작은 이야기의 선호 등을 강조함	
종교	기독교	신성이 발현된 영성	자기 자신의 내면과 타인, 환경, 사회, 자연, 우주, 신과 연결되도록 도와줌	내재된 본성으로 초월성이 조화를 이룸
	불교	부처가 될 불성	아집과 집착에서 벗어난 대자유인, 추구와 다른 존재와의 관계성을 자각	
	유교	타고난 리와 기	리는 잘 보존하고 나쁜 기질은 변화시키며, 예악을 통한 조화를 추구함	

오늘날의 인성교육에서 관계성relationship은 "나와 나, 타자, 자연, 지구, 우주는 생명체와 무생물을 포함한 모든 것과 관련되어 있으며 서로 연결되어 있다는 통찰력을 포함한다."라고 정의하며 인성교육의 큰 축을 이루고 있다.

교육의 궁극적인 목적이 사람답게 사람을 키우는 것이라는 생각은 예로부터다. 그래서 인간교육이라는 단어가 생겨났고 인간교육을 위한 노력은 동서양을 불문하고 수년 동안 지속되었다. 그럼에도 불구하고 오늘날 인간교육이 특히 강조되는 데에는 여러 가지 이유가 있을 수 있지만 크게 몇 가지 범주로 나눌 수 있다.

우선, 오늘날 그 어느 때보다 배워야 할 지식의 양과 습득해야 할 기술의 수가 폭발적으로 증가하고 있다. 따라서 인간 교육에 대한 관심과 투자는 필연적으로 무시되고 있다.

둘째, 인구는 많지만 산업구조에서는 일자리가 불가피하고 성공을 위한 경쟁과 '성공'이 불가피하다. 따라서 경쟁 사회와 교육 분위기에서 함께 사는 지혜를 가르치는 인간교육에 대한 관심은 필연적으로 무시되고 있다.

셋째, 현대 과학 문명의 원동력은 인간의 발달된 인지 능력이며, 현대 산업사회에는 이러한 인지능력이 계속해서 필요하다. 인지 평가에서 주로 지식습득 수준까지 지식 이전에 초점을 맞춘 선도적인 교육환경에서 도는 감정과 행동을 개발하고 자신과 타인의 감정과 감정을 적절하게 이해하고 처리하며 인간관계를 개선할 수 있다. 인성교육과 생활지도를 중시하는 인간교육이 불가피하게 소홀히 되기 때문이다.

다양한 분야에서 논의되는 인성과 인성교육에서 발견되는 관계와 관계를 보완할 수 있는 세계관은《도덕경》에 등장한 관계다. 《도덕경》의 관계는 우주의 모든 개인이 특정한 방식으로 존재하는 근본적인 형태 또는 법칙의 표현이다. 이것은 우주의 본성과 인간사회를 모두 포함하며 자연의 법칙과 사회 윤리 규범은 근본적으로 관계의 표현이다. 그것이 관계라고 전제하지 않는 한, 우주의 모든 개인은 독립적인 위치에서 서로 분리된다. 마찬가지로, 법률, 규범 또는 모든 규칙은 특정 관계를 표현하는 것이다.

2.《도덕경》에서 의미하는 인성

노자의 관점에서 인성은 인간의 근본적인 본질을 의미하는데, 이는 유학에서 일반적으로 언급되는 인간의 타고난 본질과는 다르다. 《도덕경》에서 인성이라는 말이 직접적으로 사용되지 않았기 때문에 노자가 사람들의 인성에 대해 어떠한 입장을 취했는지는 그 내용을 중심으로 추리해 볼 수밖에 없는 실정이다.

《도덕경》에서 보여지는 인성은 본질적인지 아닌지 차원으로 요약할 수 있지만, 성격이 본질적으로 결정된다는 관점은 성선설, 성악설, 성무선악설로 해석될 수 있다. 《도덕경》의 인성은 비본질적이지 않다는 견해는 인간성은 선과 악을 초월하는 관계로 이루어져 있다는 것이다.

《도덕경》의 인성이 선을 초월하는 비본질적 관계로 해석하는 이유는 다음과 같다.

첫째, 《도덕경》에 등장하는 인성은 관계이자 법이다. 노자는 사상이 유무 존재, 높음, 낮음, 길고 짧음, 상하, 전후, 어려움과 얽혀 있으며 서로 반대편을 존재의 기반으로 삼고 있다고 믿는다.

이 세상은 홀로 존재할 수 없으며 인성도 마찬가지다. 인성은 선과 악으로 정의될 수 없으며, 서로가 함께 존재하고 조화를 이루려고 하기에 성性은 노자 철학에서 본질적으로 결정될 수 없다.

둘째, 노자가 주장하는 인간의 본래 모습 및 순수함은 모습이자 상태이다. 도를 상징하는'덕德, 명命, 박樸, 진眞"과 같은 용어는 인간의 본래 상태 또는 순수한 상태를 의미한다.

셋째, 성선설, 성악설, 성무선악설을 주장하는 근거는 도가 자발적이라는 사실에 근거하기 때문에 타고난 본질로 볼 수 없다.

노자의 인간성 이론은 인간의 어떤 의도로 무언가를 시도하고 있기 때문에 성악 이론으로 간주된다고 한다.

그러나 노자는 인간이 하고 싶은 입장을 무조건 부정하는 것이 아니라 한쪽으로 너무 치우친 부자연스러운 위를 부정하는 위爲를 지양하고 무위無爲를 주장하기 때문이다. 그리고 그것은 문명사회 자체를 부정하는 것이 아니라 지나치게 제도화된 억압에서 벗어나 인간의 본성에 따라 자유롭게 살 자유를 주장한다. 인간은 악하면 그렇게 살거나 살게 될 삶을 추구할 수 없기 때문이다.

노자의 인성론이 성무선악설의 이론으로 간주되는 것도 같은 맥락이다. 일반적으로 선과 악의 이론은 사람들을 백서와 비교하여 환경과 경험에 따라 성격이 선 또는 악으로 보는 것이다. 하지만 《도덕경》을 보면 갓 태어난 아이는 그 자체로 자연을 보존하면서 아무것도 없는 하얀 여백이라고 말할 수 없는 완벽한 조화 상태에 있다.

3.《도덕경》에 나타난 인성교육

노자사상에서 인성교육을 위한 첫 번째 지혜를 살펴보면, 바로 본성을 발현하도록 교육하라는 것이다. 본성교육이란 무엇을 말하는 것일까?《도덕경》의 아래 구절에서 그 지혜를 잘 보여주고 있다.

큰 도가 무너져 인과 의가 생겨나고, 지혜가 생겨나 큰 거짓이 있으며, 가족이 화목하지 못하여 효孝와 자慈가 생기고, 나라가 어지러워져 충성스러운 신하가 생겨난다.

— 《도덕경》 18장 —

大道廢, 有仁義, 慧智出, 有大僞, 六親不和,
대도폐   유인의   혜지출   유대위   육친불화

有孝慈, 國家昏亂, 有忠臣.
유효자   국가혼란   유충신

위의 구절에서 인의와 충성 모두 정도가 사라졌기 때문에 나타나는 미덕이다. 도가 사라지지 않았다면 인의와 충성을 강조해야 한다. 그것은 그 자체로 실현될 것이기 때문에 언급할 필요가 없다.

오늘날 인성교육의 근본적인 문제는 인성교육에서 근

본이 되어야 할 본성을 발견할 수 있도록 돕는 교육이 와해되었다는 점이다.

따라서 교육자들도 본성을 회복하도록 하는 교육이 우선되어야 한다. 이러한 본성 교육은 어떻게 가능할까? 그것은 끊임없이 굴러가는 생각의 바퀴를 보면서 자연에 대한 인식이다. 인식은 깨어나고 마음이 일어나는 것을 지켜보는 것이다. 그리고 자각을 통해 마음을 있는 그대로 경험한다.

자녀교육에 관해서는 부모가 자녀가 행복하고 착한 사람이 되기를 바라지만, 현대 교육의 가치를 추구하기 때문에 자녀가 경쟁에서 이기고 생활에보다 합리적으로 대처하기를 바란다. 현대 교육이 지향하는 합리적이고 경쟁적인 실체가 되고 싶지 않더라도 어떻게 해야 할지 모른다.

그렇다면 어떻게 교육이 현대 교육에서 추진되는 경쟁에서 벗어날 수 있을까? 노자는 부모가 자녀에게 진정으로 마땅한 것을 제대로 보여 주면 자신의 본성을 표현하는 삶을 살 수 있다고 말한다.

진정한 교육은 아이들이 이성의 한계를 알게 하여 그

들의 본성이 자연스럽게 드러나도록 하는 것이다. 이유가 있는 곳에 자연을 표현할 수 있기 때문이다. 많은 것을 아는 것이 좋다, 많이 아는 것이 좋지 않다는 것을 깨달을 때, 인위적인 노력이 아닌 자기 자신의 사랑의 본질을 깨우도록 도울 수 있다.

교육의 기초는 학생들이 자신의 본성을 표현하도록 돕는 것이다. 결국, 이것은 학생들이 사랑의 존재가 될 수 있는 교육이며, 그 사랑은 자기 자신에서 시작하여 이 세상으로 확장될 수 있다. 다시 말해, 자신이 경험하고 있는 이 순간을 온전히 이해하고 받아들이는 과정에서 자연이 펼쳐지고 나타난다. 자신의 경험과 그 경험을 통해 생기는 마음을 인식하고 생기는 마음을 체험하는 것이 자연 교육이다.

모든 것은 내면의 관계에 따라 존재하며, 모든 것의 관계를 형성하기로 결심하고, 모든 것이 만들어지고, 바꾸고, 다시 반환되는 두 차원적인 관계를 형성한다. 이 관계는 인성교육의 큰 축을 담당하고 있기 때문에 오늘날 인성교육의 방향을 모색할 때 참고할 가치가 있다.

인성에는 개인의 내적 자아를 기르고 건강해지는 데 필

요한 인간과 같은 성격과 능력이 포함된다. 그리고 인성교육은 인간의 인성과 능력을 기르는 직업으로 정의할 수 있다.

따라서 인성교육에서 개인, 타인, 공동체, 자연과 함께 살 수 있는 올바른 관계를 위한 교육이 핵심이라고 할 수 있다. 따라서 이러한 인성교육의 방향을 모색하기 위해 다양한 관계를 설명하는 《도덕경》은 큰 의미가 있다고 할 수 있다.

《도덕경》에서 배움에 대한 노자의 방법을 요약해 보면 〈표 2〉과 같다.

〈표 2〉《도덕경》에 나오는 배움의 방법

도덕경	내 용
自知, 不自見 (자신을 알고, 타인의 입장에서 볼 것)	자신의 욕구와 추구하는 바를 알고, 자신의 말과 행동이 이에 어긋남이 없도록 할 것, 타인의 입장에서 타인을 봄으로써 타인의 이유를 살필 것
見小 (작은 것을 볼 것)	대형 사고를 포함해 세상의 모든 변화는 잘 보이지 않고, 오감으로 알기 힘든 매우 작은 것에서 시작하니 작은 것을 볼 수 있어야 함
知和 (조화의 원리를 알 것)	세상은 대립되는 존재들이 상대적으로 조화를 이루면서 존재함. 인간세상도 이러한 조화의 원리가 적용됨. 대립되는 존재의 이면을 볼 수 있어야 함

출처: 이종한 · 이성엽(2017: 103)

1) 나를 알고 타인의 입장에서 보라

─ 자지自知, 부자견不自見

지智는 지혜라는 뜻 외에 꾀와 모략이라는 뜻으로도 사용되며, 지자智者 등 사람을 평가하는 단어로도 사용된다. 반면 지知는 듣고, 보고, 살펴서 알아가는 과정이나 그러한 행위를 의미한다.

그래서 노자는 '지인자지知人者智, 자지자명自知者明'이라는 문장에서 지智와 지知를 대비시키고 있는데, 남을 아는 것은 지식(지智)에 불과하며, 자기를 아는 것(지知)이 밝음이라 말하고 있다. 이는 마치 학學처럼 쌓아서 담아 놓고 지식으로 인정받는 지智가 아니라 알아가는 과정을 중요시했다는 의미가 된다. 따라서 자지自知는 매일같이 스스로 나를 살펴보고 성찰한다는 의미로도 해석된다.

부자견不自見은 자신의 입장에서 보지 말라는 의미로 타견他見, 즉 다른 사람의 입장에서 보라는 뜻이다. 그러면 왜 나를 알고 타인의 입장에서 봐야 하며, 왜 이것이 밝음(명明)에 이르는 배움의 방법인가?

노자에게 나를 안다는 것은 사적인 기준 및 이해와

욕구를 우선 살펴야 한다는 의미를 담고 있다. 내가 원하는 것이 명예인지, 권력인지, 인간의 보편적인 행복인지, 가정의 평화인지 등 나의 욕구를 살피지 않으면 내가 누구인지를 정확히 모르고 행동하게 되기 때문이다.

내가 무엇을 추구하는지를 먼저 명확하게 하고, 내가 하는 말과 행동이 내가 추구하는 것에 부합하는 것인지를 끊임없이 살피는 것이 밝음에 이르는 방법인 것이다.

노자는 《도덕경》에서 이렇게 말하고 있다. 성인이 자신을 뒤에 두지만, 오히려 앞에 있게 되고, 스스로를 도외시하지만, 자신이 보존되는데, 이것이 개인적인 그릇됨이 없는 것이 아니겠는가. 이에 능히 자신을 완성할 수 있다.

— 《도덕경》 7장 중 —

是以聖人後其身而身先, 外其身而身存,
시이성인후기신이신선   외기신이신존

非以其無私邪, 故能成其私.
비이기무사사   고능성기사

나의 욕망과 내가 추구하는 것(사私)과 행위가 서로 어긋남(사邪)이 없어야 개인의 완성이 가능하다(능성기사能成其私)는 의미이다. 나의 욕구 또는 내가 추구하는 것과 행위가 어긋나지 않으려면 먼저 나의 욕구와 내가 추구하는 것을 알아야 한다.

따라서 밝음(명明)에 이르기 위해서는 나를 아는 것 (자지自知)이 그 시작이 될 수밖에 없다. 한편 나의 욕구, 내가 추구하는 것을 알았다면 나는 더 이상 나에게 신경 쓸 필요가 없게 된다. 오로지 추구하는 방향으로 가고 있는지 여부, 즉 어긋남(사邪)이 없는지만 살펴보면 된다.

이제 남은 것은 상대방, 즉 타자他者이다. 나의 입장에서 상대방을 보려하면 상대방의 '이유'는 보이지 않고, 행위의 결과만 보인다. 상대방의 이유를 알아야 진정으로 상대방을 아는 것이고, 나와 상대방의 관계가 분명하게 드러나게 될 것이다. 결국 노자가 말한 "자지自知, 부자견不自見"은 사람의 욕구와 추구하는 바를 살펴 인간관계의 밝음에 도달할 수 있는 방법이 된다.

2) 작은 것을 보라
― 견소見小

두 번째 인성교육의 배움의 원리는 '작은 것을 보는 것

(견소見小)'이다. 작은 것을 보는 일은 《도덕경》을 관통하는 중요한 철학의 하나인 미微와 연관되어 있다. 여기에 소小는 대大와 대비되는 작은 것을 의미하는 것이 아니라 눈에 잘 보이지 않고, 쉽게 찾을 수 없는 미묘한 것을 의미한다. 즉 견소見小는 견미見微와 유사한 의미로 해석된다.

제14장에 미微에 대한 설명이 나오는데, "잡으려 해도 잡을 수 없는 것을 가리켜 미微라고 부른다"고 하였다.

— 《도덕경》 14장 중 —

博之不得, 名曰薇.
박지부득   명왈미

《도덕경》에서는 이러한 미微가 사람 사는 세상에 적용되는 원리는 물론 사람이 어떻게 대응해야 하는지 그 방법까지 자세하게 설명하고 있다.

편안할 때 유지하기가 쉽고, 조짐이 일어나기 전에 도모하기 쉽고, 무르고 연할 때 나누기가 쉽고, 미세할 때 흐트러뜨리기가 쉽다. 그래서 무슨 일이 생기지 않았을 때 해야 하고, 혼란이 생기기 전에 다스려야 한다.

밝음(명明)에 이르는 두 번째 방법인 작은 것을 보라
는 의미는 세상의 모든 문제들이 이렇게 보이지 않는 작
은 것에서 시작하기 때문일 것이다. 그러므로 작은 것을
보라는 의미는 안전사고나 구조물의 붕괴 같은 재앙, 전
쟁이나 산업혁명 같은 사회적 격변 등이 눈에 보이지 않
는 미묘한 것에서 시작된다는 점, 이를 발견할 수 있는
배움의 방법을 제시한 것으로 해석하였다.

3) 조화의 원리를 알라

— 지화知和

밝음[明]에 이르는 세 번째 방법은 조화의 원리를 아는
것(지화知和)이다. 조화란 상常을 의미하기도 하는데, 상常
은 《도덕경》 전체를 관통하는 중요한 도의 원리이기도
하다. 주의할 것은 노자가 말하는 상常은 우리가 알고
사용하는 상常과는 의미가 다르다는 점이다. 우리가 아

는 상常은 항상, 변함없이, 고정불변 등의 의미이다.

그러나 노자의 상常은 이와 반대이다. 노자에게 고정 불변인 것은 오로지 모든 것은 상대적인 대립물들이 상호 의존하면서 변화한다는 것, 《도덕경》 제1장의 주제이기도 한 것으로, 그것 하나밖에 없다.

노자의 주장은 모든 것이 변화한다면 그 변화의 시작은 어디인가? 변화는 어떤 형식으로 발생하고 발전하는지 여부이다. 변화의 존재 형식이 바로 화和이다. 혼자서는 화和가 불가능하다. 따라서 화는 두 가지 이상의 존재를 필요로 한다. 《도덕경》 제2장은 어떠한 것이 조화를 이루어 존재하고, 서로 영향을 미치며, 새로운 조화를 만드는지를 자세하게 설명하고 있다.

세상이 모두 아름답다고 하는 것을 아름답다고 여기면, 그것은 이미 추한 것이다. 세상이 선하다고 하는 것을 선하다고 여기면 그것은 이미 선하지 않는 것이다. 고로 무와 유는 서로를 살리며, 어려움과 쉬움은 서로를 이어주며, 길고 짧음은 서로를 맞추어 주며, 높음과 낮음은 서로의 기울기를 만들며, 목소리와 악기 소리는 서로 조화를 이루며, 앞과 뒤는 서로를 따르게 한다.

이렇게 성인은 없듯이 행하는 일에 머물며, 말하지 않는 가르침을 행한다. 만물의 지어짐은 있으나 말하지 않는다. 있으나 소유하지 않고, 하였으나 바라지 않고, 공을 세웠으나 머물지 않고, 이렇게 머물지도 않으니 떠남도 없다.

— 《도덕경》 2장 —

天下皆知美之爲美, 斯惡已, 皆知善之爲善,
천하개지미지위미　　　　사악이　　　개지선지위선

斯不善已, 故有無相生, 難易相成, 長短相較,
사불선이　　고유무상생　　난이상성　　장단상교

高下相傾, 音聲相和, 前後相隨,
고하상경　　음성상화　　전후상수

是以聖人處無爲之事, 行不言之敎,
시이성인처무위지사　　행불언지교

萬物作焉而不辭, 生而不有, 爲而不恃,
만물작언이불사　　생이불유　　위이불시

功成而弗居, 夫唯弗居, 是以不去.
공성이불거　　부유불거　　시이불거

노자는 조화調和란 서로 반대되는 대립물들이 실제로는 서로를 규정지으며 상존하는 것이라고 보고 있다. 그리고 상대적 대립물이 서로 영향을 미치며, 상존하는 존재 형식을 이해하는 것을 지화知和라고 했다. 이러한 지화를 알 수 있을 때 자연세계와 인간세계가 항상성[常]을 가지고 작동하는 모습을 볼 수 있다는 것이다.

그렇다면 지화가 의미하는 배움의 방법은 구체적으로 어떻게 적용 가능한가? 우선 사물이든 사회현상이든 항상 반대되는 측면을 살피는 것이 될 것이다. 예를 들어 '빨갱이'를 미워하는 사람들에게 만약 빨갱이가 없다면 어떻게 될까? 다른 무엇인가를 찾게 될 것이다. '빨갱이 나 악의 축'을 비난하는 사람은 그 비난받는 사람들로 인해 상대적으로 존재하는 것이기 때문이다.

이러한 원리는 사물이나 이해관계의 이면을 볼 수 있는 혜안慧眼을 갖는 데 많은 도움을 주게 될 것이고, 이러한 혜안을 통해서 밝음(명明)에 이르는 것이 가능하게 될 것이다. 따라서 지화知和는 이러한 관계를 이해하고 사물이나 사회현상의 이면을 보기 위한 배움의 방법, 밝음에 이르기 위한 인식의 방법이 될 수 있을 것이다.

4.《도덕경》에서 나타난 인성교육의 특징

　교육의 주된 목적이 인격의 함양에 있다고 자신 있게 말할 수 있는 사람은 그리 많지 않을 것이다. 거의 대부분의 사람은 교육의 주된 목적이 명문대학에 진학하여 경제적 풍요나 사회적 지위를 얻는 데 있다고 생각하고 있는 실정이다.

　인류의 위대한 지성들은 예외 없이 교육의 중요성을 주장해 왔다. 이 점에서 노자도 예외는 아니다. 그가 《도덕경》을 집필했다는 자체가 교육적 의도가 아니고 무엇이겠는가? 그런데 노자의 교육론을 생각하면 아연해 진다.

　상식적인 수준에서 교육이란 문명을 축적하고 전승하는 것이 대표적인 기제인데, 그는 단적으로 인간들에게 문명의 껍질을 벗어던지라고 말하고 있기 때문이다. 대체 문명의 탈을 벗고 자연으로 돌아가는 인간을 키워내는 교육이 가능한 것인가? 이러한 의문들로 인해 노자는 반문명론자일 뿐만 아니라 반교육론자로 오해되기도 하였다.

《도덕경》에서는 인간이 일상생활에서 따라야 할 규범에 대한 특이한 입장이 하나 있는데, 이에 따라 인간은 동시에 규범을 따라야 하는 역설적 상황에 놓이게 된다는 것이다.

학문이란 것을 없애버린다면 인간에게 근심은 없어질 것이다. "예!"하고 정중하게 응대하는 것과 "응!"하고 오만하게 대답하는 것이 얼마나 다를까?

선과 악은 그 거리가 얼마나 될까? 선과 악은 같을까? 둘은 얼마나 비슷할까?

— 《도덕경》 20장 중 —

絶學無憂, 唯之與阿, 相去幾何, 善之與惡, 相去何若.
절학무우   유지여아   상거기하   선지여악   상거하약

즉, 도덕적 선과 악은 인간의 기준에 따라 만들어지기 때문에 그 기준이 바뀌면 언제든지 바뀔 수 있다. 도덕적 규범과 관련하여 도덕 기준이 같은 입장을 취하고 있다는 것이다. 도덕경에는 도덕규범에 대하여도 이와 같은 입장을 취하고 있다.

노자의 교육에 대한 관점을 어떻게 이해해야 할까?

결론부터 말하자면, 그는 반문명론자도 반교육론자도 아니라는 점이다. 그는 반문명론자가 아니라 다른 형태의 문명을 제시하였고, 반교육론자가 아니라 다른 형태의 교육을 주장한다고 보아야 한다.

노자의 《도덕경》은 하나의 교재로서 교육목표, 교육내용, 교육방법 등의 교육과정적 체계를 갖춘 대안적 교육이론과 사상이 함의되어 있다고 생각된다.

아래의 《도덕경》 제16장을 보면 도와 우주만물의 생성과 복귀의 관계가 반복·순환됨을 알 수 있다.

만물이 무성히 일어나는 데서 나는 그들이 돌아가는 자리를 보네. 무릇 사물들은 무성히 자라나지만 결국 각자 그 뿌리로 돌아가네. 뿌리로 돌아가면 고요해지니 고요해지면 명明을 회복하네.

— 《도덕경》 16장 중 —

萬物竝作, 吾以觀復. 夫物芸芸, 各復歸其根.
만물병작   오이관복   부물운운   각복귀기근

歸根曰靜, 是謂復命.
귀근왈정   시위복명

각 우주는 성장 한계에 도달하면 원래 상태로 돌아간다. 이것은 모든 것이 극도로 커지면 도의 뿌리로 돌아간다는 것이다. 거슬러 올라가는 것은 자연의 법칙이다. 우주에 있는 모든 것의 불변의 고정된 현실은 없다. 도의 움직임은 일직선이다. 그것은 움직임으로 실행되지 않고 반복되고 순환된다. 그러한 움직임과 창조와 귀환의 변화는 항상 그러한 끊임없는 법칙에 의해 이루어진다.

만물의 내적 관계와 《도덕경》의 만물의 관계를 인성교육에 적용하면 자신과 타인, 공동체와의 관계로 볼 수 있다.

따라서 《도덕경》에서 보여지는 관계를 통해 서로가 살아갈 수 있는 관계와 뗄 수 없는 관계로서의 조화로운 균형을 이룰 필요가 있다.

《도덕경》에서만 만물과 도의 관계는 도가 만물을 살 수 있는 토대가 되고, 결국 만물이 다시 돌아오고 이 관계는 계속 순환되며 변화하는 패턴으로 나타난다. 이것은 자연과는 다른 수준이지만 인성교육에서 자연과 인간의 관계에 영향을 줄 수 있다. 이것은 자연이 도를 가장 잘 구현한 것으로 간주 될 수 있기 때문이다.

<그림 1> 도덕경과 인성교육의 관계 차원

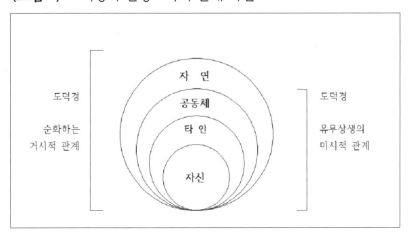

〈그림 1〉과 같이 자연은 사람을 살리고 나이가 들어 감에 따라 변하고 자연으로 돌아가는 끝없는 관계 속에서 자연과 인간은 하나의 유기체이다. 이를 통해 결코 인간이 주인이 아니라는 것을 알 수 있다.

노자가 《도덕경》을 통해서 말한 것처럼 "세상의 골짜기가 되면, 영원한 덕이 풍족하게 되고, 다듬지 않은 통나무 상태로 돌아가게 된다." 여기서 말하는 통나무 같은 경우는, 나무들 중에서도 노자가 빗대어 표현하기 가장 좋은 대상으로 그런 의미에서 '다듬지 않은 통나무'란 인공적인 것이 가해지지 않는 '원목原木'으로 이는 양극으로 분화된 상태를 넘어서는 무경계의 경지, 도를 뜻

한다. 그러므로 성인은 이렇게 구체화된 의식세계, 현상 세계의 사물을 사용하여 사람을 지도한다.

그러나 궁극적인 이상을 말한다면 다시 원목 상태를 회복하는 것이며, 또한 분석적, 이분법적 대립의 세계관에서 해방되어 근원으로 돌아감으로 양면을 동시에 보는 통전적, 비이분법적 의식구조를 가지도록 하라는 이야기임을 결과적으로 말하는 것이다. 따라서 인성 교육에서도 타인과의 관계를 수립하고 조정하는 것은 타인과의 도덕적 관계를 형성하고 유지하기 위해 사람의 입장에 귀를 기울이는 것이다. 그들과 합리적으로 의사소통하고 균형 잡힌 관점과 이해를 공유하고 다른 사람을 존중하고 돌보는 능력, 갈등을 관리하는 능력이 필요하다. 타인과의 이러한 관계는 자신의 내적 관계가 잘 확립된 경우에만 달성될 수 있다.

IV

가르침은
곧 배움

1. 열린 마음: 소통
2. 자연스러운 태도: 배려, 포용
3. 겸허한 성품: 겸손

IV. 가르침은 곧 배움

1. 열린 마음: 소통

미래 세대를 길러내야 하는 교육 리더인 교육자도 개방적이고 유연한 사고가 요구된다. 자기의 선입견이나 고정관념을 버리고 학생들의 관점에서 그들과 소통을 할 수 있어야 한다. 자기의 선입견이나 고정관념을 가지고 사태를 보게 되면 자기중심주의에서 벗어나기 어렵다. 이에 대하여 노자는 다음과 같이 말하고 있다.

성인은 언제나 편견이나 고정관념이 없어서 백성의 마음으로 자기의 마음을 삼는다.

—《도덕경》 49장 중 —

聖人無常心, 以百姓心爲心.
　성인무상심　　　　이백성심위심

성인聖人을 교사로, 사람들을 학생으로 읽으면 교사는 학생들의 마음으로 자신의 마음을 삼아야 하고 그것은 학생의 마음에서 봐야 한다는 것을 의미한다. 그래서 노자는 다음과 같이 말한다.

성인들은 자신의 눈으로 보는 것이 아니라 세상 사람들의 눈으로 보는 것이다. 그는 현명하고 자신이 옳고 그름을 말하지 않기 때문에 세상에 드러나고 자신을 자랑하지 않는다는 것이다.

— 《도덕경》 22장 중 —

不自見, 故明, 不自是, 故彰, 不自伐, 故有功.
부자견   고명   부자시   고장   부자벌   고유공

즉, 현명한 사람은 자신의 눈으로 사물을 보지 않고 세상의 사람의 눈으로 세상의 사람을 본다. 학생의 교육자는 학생들의 상황을 이해하고 그들의 관점에서 보는 것은 자기중심에서 벗어날 수 있다.

노자의 무언의 가르침(부언지교不言之敎, 제2장)은 개인의 능력에 따라 자율적으로 배우는 교육을 의미한다. 어려운 일을 하기 위해서는 쉬운 것에서 작은 것, 큰 것까지 가야 한다.

위의 말과 함께 자신의 길은 무엇이든 스스로 알아서 가도록 도와주어야 한다는 단서를 달았다. 즉, 다음과 같이 말한다. 그러므로 자기 자신의 몸으로써 다른 이의 몸을 보고, 자기 집안일로써 다른 집안의 일을 보고, 자기 마을의 일로써 다른 이의 마을을 보고, 자기 나라의 일로써 다른 나라의 일을 보고, 천하의 일로써 천하의 일을 볼 것이다.

학생들은 가정, 환경과 성격, 기질과 능력이 다르다. 그런데 교사가 자신의 스타일에 맞는 기준을 정하고 학생들을 이에 맞추려 한다면 적절한 교육을 이룰 수 없다.

우리는 이상적인 인간으로 간주되는 성인의 태도에서

교육자의 태도를 도출할 수 있다. 그는 자신의 마음을 만들었고, 학생들 사이에서 "좋은 학생은 좋은 대우, 좋지 않은 학생도 좋은 대우(54장: 선자오선지, 불선자오 역선지善者吾善之, 不善者吾亦善之)", "깊은 계곡처럼(41장: 상덕약곡上德若谷" 공감하는 태도가 필요하다. 학생들은 선의 반대가 악이 아니라 선하지 않다는 관용적인 교육자의 태도를 보고 학생들은 스스로 판단하고 행동할 수 있는 힘을 키울 수 있다.

학생 자신의 마음에서 무슨 일이 일어나고 있는지 이해하고 자신의 삶을 자신 있게 받아들이는 것도 즐거울 수 있다. 자발적인 수용은 기분을 상하게 하지 않고 즐겁게 받아들이는 것을 의미하기 때문이다. 이 점에서 자발성은 쾌락의 원칙과 맥락을 같이 한다. 물론 여기서 쾌락은 인간의 부정적인 욕망이 아니라 인간이 가진 순수한 애정을 의미한다. 여기서 즐거움은 단순히 즐거움을 의미하는 것이 아니라 인간 내면의 충만함과 조화를 의미한다. 내면의 충만 함은 내면세계의 궁극적인 회복이라 할 수 있다.

학생들이 자발적인 성격의 원칙을 바탕으로 '자신이

행복하다'라는 자세를 계속 유지한다면 교육기관 밖에서 도 계속 학습할 수 있는 힘을 갖게 될 것이다. 학생들이 더이상 학교 밖에서 공부하지 않는 한국의 현실을 고려 할 때, 노자 철학에 기반을 둔 자율성을 키우는 교육은 오늘날 의미가 크다.

학생과 소통하기 위해서는 먼저 자기중심주의에서 벗 어나 자기 자신을 알아야 한다. 공자는 "아는 것을 안다 고 하고, 모르는 것을 모른다고 하는 것, 이것이 참으로 아는 것이다"라고 말한 바 있다.

— 《논어》, 〈위정〉 중 —

知之爲知之, 不知爲不知, 是知也.
지지위지지   부지위부지   시지야

하지만 노자는 공자보다 한 걸음 더 나아간다. "자기 자신을 아는 사람은 현명하다(33장: 자지자명自知者明)"고 하였으며, 알면서도 모른다고 하는 것이 으뜸이요, 모르 면서도 안다고 하는 것은 병통이다. 병통을 병통으로 여 기는지라 이 때문에 병들지 아니하니라. 성인이 병들지 않는 것은 그가 병통을 병이라 여기는지라 이 때문에 병 들지 아니한다.

노자는 알면서도 모른다고 하는 것은 으뜸으로 칠 정도로 자신을 아는 노력에서 겸손이 병행해야 함을 강조한다. 성인처럼 교사는 자기를 밖으로 들어내지 아니하고 자기를 알아주는 사람이 없더라도 안에 보석과 같은 영혼을 품고 있어야 한다. 그러한 사람을 노자는 다음과 같이 말하였다.

대저 사람들이 무지한지라 이 때문에 나를 모르리라. 나를 알아주는 이가 적을수록 나는 더욱 더 귀중해지는 지라. 이 때문에 성인은 겉에 거친 베옷을 걸치고 있지만, 안에 보배와 같은 옥玉을 품고 있느니라.

이런 식으로 성인을 모범으로 삼아야 하는 교육자들은 외부 평가에 신경을 쓰지 말고 내면에서 보석 같은 성격을 키워야 할 것이다. 그러나 사람들은 스스로 사물을 보려고 하지 않고 자기중심적으로 보려고 한다.

장자는 인간이 자신의 초점으로 사물을 볼 때 '이물관지以物觀之'라 하고 근본적이고 전체론적 관점에서 사물을 볼 때 '이도관지以道觀之'라고 한다.

도道로써 사물을 보면 사물들 사이에 귀한 것과 천한 것이 없으나 물物로써 사물을 보면 자기를 귀하다하고 상대방을 천하다고 한다.

— 《장자》, 〈추수〉 중 —

以道觀之, 物無貴賤, 以物觀之, 自貴而相賤.
이도관지　　물무귀천　　이물관지　　　자귀이상천

도는 사물의 근본적이고 전체적인 이치이므로 도의 관점에서 사물을 보면 나와 너, 시是와 비非, 귀한 것과 천한 것을 한 부분에서만 볼 수 없다. 그러나 사물은 부분적이고 제한된 개별적이기 때문에 물의 관점에서 사물을 보면 양쪽으로 편향될 것이다.

사물을 인식할 때 나는 다른 사람과 다를 수 있고 내 판단이 틀릴 수도 있음을 인정하는 관용과 사랑의 태도를 가져야 한다. 나뿐만 아니라 다른 사람들도 어떤 문제에 대해서도 자유롭게 자신을 표현하고 자신의 생각을 표현할 수 있는 자연스러운 권리가 있기 때문이다.

따라서 다른 사람의 생각이 자신의 욕구를 충족시키지 못하더라도 다른 사람의 의견을 무시하거나 왜곡하지 않아야 하며 틀렸다고 부정해서는 안 된다.

노자의 '소사과욕少私寡慾'에서 사私는 이기심이다. 이기심을 버릴 수 없다면 사욕私慾을 덜 가져야 교육자만이라도 자기중심주의에서 벗어날 수 있다. 교사가 이기심을 버리면 학생들의 관점에서 사물을 완전히 볼 수 있다.

교육자의 욕심은 명예에 대한 개인의 욕망에서 비롯되지만, 과도한 교육적 열정은 또한 이기심으로 변할 수 있다. 학생들의 교육 활동을 너무 방해하고 학생들 간의 경쟁을 촉진할 뿐만 아니라 자연스러운 변화와 발달을 방해한다. 이기심을 적게 하려면 물水과 같이 수양이 뒤따라야 한다는 것이다.

2. 자연스러운 태도: 배려, 포용

물은 자신이나 다른 사람과 좋은 관계를 구축하고 유지하는 데 필요한 덕목이다.

아래로 흘러가면서 장애물이 있으면 돌아가거나 서서히 스며들어 부드러우면서도 약하고(유약柔弱), 싸우지 않으며(부쟁不爭), 남들이 싫어하는 낮은 곳에 머문다(처하處下).

노자는 물이 자연적으로 흘러내리면서 만물을 이롭게 하는 행위를 배려하는 성인의 이미지를 표현하고 있으며, 노자는 《도덕경》 8장에서 도의 최고 상징으로 꼽는다.

가장 선한 사람은 마치 물과 같네, 물은 만물을 이롭게 할 뿐 다투는 일이 없고 남들이 가장 싫어하는 곳에 머무네, 그러므로 물은 도에 가장 가깝네.

— 《도덕경》 8장 —

上善若水. 水善利萬物而不爭.
상선약수　　　　수선리만물이부쟁

處衆人之所惡, 故幾於道.
처중인지소오　　　고기어도

"물은 모든 것에 유익하다"라는 한 구절에서 물은 다른 것을 존중한다고 추론할 수 있다. 존중은 모두 정중하고 사려 깊은 방식으로 다른 사람을 대함으로써 우리는 그들이 품위 있는 합당한 존재임을 보여준다(최신일, 2016).

자신에 대한 존중이 기본이 될 때 타인을 진정으로 존중하는 태도가 가능하다. 이런 식으로 물은 모든 것에 유익하고 존경심을 나타낸다. 다음은 "물은 다투는 일이 없다" 물은 이를 위해서 만물을 배려함으로써 "남들이 싫어하는 곳"에 머무는 모습을 보여준다.

배려는 자기와 타인과의 관계로 정의되는데 관계적 존재인 인간은 타인을 배려해야 한다. 자신을 희생하면서 낮은 곳으로 흘러가며 다른 사람들이 피하고 싫어하는 낮은 곳을 찾는 것이 배려다. 이것은 상호 관계를 인식하고 다른 사람을 돌보고 돕고 양보하는 도덕적 태도이다.

물의 이러한 특성인 "낮은 곳에 깃들기를 좋아하며, 마음씨는 연못처럼 깊이 있게 하기 좋아하며, 하늘처럼 베풀어 주기를 좋아하는(8장: 거선지 심선연 여선인居善地, 心善淵, 與善仁.)"것에서 나타나는 배려의 자세이다.

여기서 교육자들이 수수한 태도에서 배우는 것은 부드럽고 자연스럽게 행동하는 것이다.

교육자가 학생들에게 하는 모든 행동이 자연스럽게 마음에서 우러나와 부드럽게 행동할 때 학생들에게 영감을 줄 것이고 인성 교육의 기초가 다져진다고 생각한다.

또한, 물의 겸손이 낮은 곳으로 흘러 들어간다. 물은 자신을 낮추고 자신을 통제하며 결코 드러내지 않는다. 그런 물의 겸양은 《도덕경》 제61장, 제68장 등 여러 곳에서 찾아볼 수 있다. 작은 나라에 비해 강대국이고 국민에 비해 왕은 우월한 힘을 과시하거나 휘두르는 대신 자신을 낮추는 겸손과 겸양의 태도를 깨달아야 할 필요성을 강조한다. 물의 포용하는 자세는 《도덕경》 제78장에서 나타난다.

세상에서 물보다 부드럽고 약한 것이 없네. 그러나 강한 것을 이기는데 있어 아무도 물을 이길 수 없으니 아무도 물을 대신할 수 없기 때문이네. 약한 것이 강한 것을 이기고 부드러운 것이 딱딱한 것을 이긴다는 사실. 세상에서 이 이치를 모르는 이 없으나 아무도 실천할 줄 모르네.

— 《도덕경》 78장 중 —

天下莫柔弱於水, 而攻堅强者莫之能勝,
천하막유약어수　　　　　이공견강자막지능승

以有無以易之.
이유무이역지

弱之勝强, 柔之勝剛, 天下莫不知, 莫能行.
약지승강　　유지승강　　　천하막부지　　　막능행

물은 부드럽고 약한 모습을 통해 포용의 형태를 보여
준다. 포용은 부드럽기 때문에 다른 사람을 포용할 수
있고 유연하기 때문에 편견 없이 다른 사람의 의견을 받
아들일 수 있다. 주관적인 편견 없이 물처럼 유연할 때
진정으로 다른 사람을 포용할 수 있다.

깨끗한 물이든 강이든 바다로 흘러간다. 강이나 바다
를 그렇게 크고 거대한 물로 만드는 것은 그들이 낮게
유지되고 모든 종류의 물을 포용한다는 것이다. 그래서
"세계의 사람들이 모일 것"이라고 노자는 말한다. 같은
맥락에서 암컷이 포용하는 자세를 《도덕경》 제61장에
서 보여주고 있다.

큰 나라는 낮은 곳으로 흘러야 하네, 그러면 세상의
암컷이 되어 세상 사람들이 모여들 것이네. 암놈은 항상

고요함으로써 수놈을 이기니 그 고요함으로 인해 자신
을 낮추기 때문이라네.

— 《도덕경》61장 중 —

大國者下流, 天下之交, 天下之牝.
대국자하류　　　천하지교　　　천하지빈

牝常以靜勝牡, 以靜爲下. 故大國以下小國.
빈상이정승모　　　이정위하　　　고대국이하소국

　강과 바다는 모든 종류의 물을 포용하기 때문에 그렇
게 크고 거대한 물이 될 수 있다. 그래서 "세계 사람들
이 함께 모일 것이다."라고 노자는 말한다.

　또한, 암컷의 고요함은 수컷의 활동성을 이길 수 있
다. 즉, 고요함 정靜은 마음의 원래 상태이며 움직이지
않는 상태로 결국 활동적이고 시끄러운 수컷을 포용할
수 있게 된다. 이상에서 《도덕경》의 물과 암컷을 통해
볼 수 있는 다양한 덕목 중 배려와 포용의 모습을 살펴
보았다.

3. 겸허한 성품: 겸손

노자의 '도는 숨어서 이름이 없다(41장:도은무명道隱無名)'. 그러면서 그 '무無'가 천지의 시작이다(무명천지지시無名天地之始). 그러므로 '무욕으로 그 오묘함을 보고(무욕이관기묘無欲以觀其妙), 유욕으로는 그 돌아감을 본다(유욕이관기요有欲以觀其徼).' 무의 세계와 유의 세계, 정신의 세계와 물질적 세계의 상관관계를 보여주는 노자적인 표현이다.

《도덕경》의 치허수정致虛守靜의 겸허한 자세는 교육자에게 겸손의 미덕을 일깨워주게 된다. 노자는 '알면서도 모른다고 하는 것을 으뜸'이라 여기며, 오히려 학생들을 모른다고 생각하는 교육자의 겸허한 자세가 학생들을 바르게 보게 하는 첩경이 될 수 있다고 보았다. 교육자와 학생들이 진정으로 소통하기 위해서는 먼저 겸허한 자세를 지녀야 하는 것으로 학생은 언제든지 변화하고 성장할 수 있다는 것을 항상 염두에 둔다면 겸허함이 저절로 따라오게 된다는 것이다.

이처럼 노자의 교육철학은 교육자가 자신들의 권위나 지식으로 학생들을 조종하거나 지배해서는 안 됨을 보여준다. 오히려 교육자는 스스로 겸손해지고 학생들의 뒤에 서도록 가르친다. 그래야만 학생들이 교육자의 개입 없이 편안하게 느끼고 스스로 변화와 발전을 촉진할 수 있기 때문이다.

귀중한 것은 천한 것에 기초하고 높은 낮은 것에 기초를 둔다. 이것 때문에 천자는 스스로 고孤니 과寡니 불곡不穀라고 하니 이것이 근본을 삼는다는 이유가 아닐까? 그렇지 아니할까?

― 《도덕경》 39장 중 ―

故貴以賤爲本, 高以下爲基,
고귀이천위본   고이하위기

是以侯王自謂孤寡不穀, 此非以賤爲本也? 非乎?
시이후왕자위고과불곡   차비이천위본야   비호

천자天子는 모든 사람이 보고 있는 위치에 있는 사람이다. 그런 사람은 근거 없는 말을 해서는 안 되며 겸손해야 한다. 고孤는 아버지가 없는 아이, 과寡은 지아비 없는 이, 불곡不穀은 불선不善하다는 뜻이다. 자신을 불러 스스로 고孤와 과寡와 불곡不穀이라고 하는 것은 자신을 낮춘다는 것을 의미한다.

지금까지 고귀한 천자가 겸손한 이유는 겸손이 진정한 소중함을 얻기 위한 기초라는 점을 강조하기 위해서다. "낮은 것에 기초한다"라는 표현은 건축적 표현으로서 겸손함을 강조한다. 단단한 땅이 없이는 가장 높은 건물조차 세울 수 없다. 든든한 주춧돌이 든든한 건축물을 받들고 있는 것이다. 그러므로 기꺼이 낮아짐을 감수하지 않으면 도도한 높이를 지닐 수 없다. 노자철학의 관점에서 보면 귀천貴賤과 고저高低를 나누어 생각하는 것도 의미가 없다.

　　여기서 중요한 것은 천賤과 저低를 무시하고서는 귀貴와 고高에 이를 수 없다는 것이다. 이처럼 현자는 남보다 반보半步를 뒤쳐져 살아가기를 자처한다. 자기를 낮추고 뒤쳐져 살아가지만, 사람들은 오히려 그를 좋아하고 따르게 된다. 그래서 노자는 다음과 같이 말하였다.

　　강과 바다가 온갖 시냇물의 왕이 될 수 있는 까닭은 그것이 일체 시냇물에 낮추기를 잘하는지라, 그러므로 온갖 시냇물이 그곳으로 흘러 들어갈 수 있다. 이 때문에 성인이 백성의 위에 있고자 하면 반드시 그들에게 겸허하게 말하고 백성의 앞장을 서고자 할 때면 반드시 자기 자신을 그들보다 뒤에 있게 한다.

이 때문에 성인은 백성의 위에 있어도 백성이 힘들어하지 아니하고 앞에 있어도 방해가 되지 않는다. 이 때문에 천하 사람들이 그를 즐거이 받들어 올리고서도 싫증 내지 않느니라. 그가 사람들과 다투지 않는지라 천하에 그와 싸울 수 있는 사람이 없느니라.

—《도덕경》66장 —

江海所以能爲百谷王者. 以其善下之,
강해소이능위백곡왕자   이기선하지

故能爲百谷王, 是以欲上民必以言下之,
고능위백곡왕   시이욕상민필이언하지

欲先民必以身後之, 是以聖人處上而民不重,
욕선민필이신후지   시이성인처상이민부중

處前而民不害, 是以天下樂推而不厭, 以其不爭,
처전이민불해   시이천하낙추이불염   이기부쟁

故天下莫能與之爭.
고천하막능여지쟁

이와 관련하여 하상공은 "하층에는 강과 바다가 있고 온갖 물이 그에게 다시 흘러나왔다. 마치 왕자가 겸손하여 백성들이 그를 따르는 듯하다. 따라서 그는 왕이 될 수 있다"라고 말했다. 여기서 왕은 천자天子이다. 세상 사람들의 마음이 그를 향해 기울이면 그가 곧 왕이다.

이러한 강물처럼 교육자는 겸손해야 한다. 여기서 겸

손은 심정상의 도덕만을 의미하지 않는다. 존재론적 무선무악武善無惡의 상선上善과 같은 수준을 가리킨다. 상선으로서의 물은 자아 아상我相이 없기 때문에 싫어하고 좋아하는 호오好惡와 선악善惡을 구별하지 못합니다. 이것은 겸손이다. 겸손은 공기 나 물처럼 자아의 모든 오만함을 지워 버린 무아無我의 마음에서 비롯된다.

교육자가 이 위치를 차지할 수 있는 것은 학생의 존재 때문이다. 학생에 대한 자세에 있어서 "자기 낮추기"는 인간관계가 상호존중을 바탕으로 구축된다는 것을 알고 실천하는 행위이다. 동양의 유교문화권이 오랫동안 지속되어 온 유교적 군사부일체君師父一體의 위계질서는 때로 사람들의 조화로운 관계에 부정적인 영향을 미치기도 한다. 이 문화 환경을 한 번에 바꾸는 것은 쉽지 않다. 그러나 이러한 환경 때문에 교육자들은 학생의 자율성을 높이기 위해 스스로 행동해야 한다.

교육자의 지위에 있는 사람들은 먼저 자신이 학생을 모두 알고 있다는 잘못된 생각에서 벗어나야 한다. 노자도 "알면서도 모른다고 하는 것을 으뜸(71장: 지하지상地下地上)"이라고 하였다.

오히려 학생들을 모른다고 생각하는 겸손한 자세가 학생들을 바른길로 안내할 수 있다. 모른다고 여긴 덕분에 학생들의 잠재력과 변화 가능성을 열어 놓고 보기 때문인 것이다.

사실 우리가 다른 사람을 알아가는 것은 어렵다. 육체적으로나 정신적으로 성장하는 학생들을 어떻게 알 수 있나? 그러므로 교육자는 언제든지 변화하고 성장할 수 있는 학생이라는 것을 항상 명심한다면 겸손이 뒤따를 것이다.

교육자는 주제와 교수법에 대한 전문가가 될 수 있어야 한다. 지도하는 학생이 부족하더라도 자유롭게 의견을 표현할 수 있으려면 교사의 겸손한 태도를 전제로 해야 한다. 성경 말씀 또한 "누구든지 자기를 높이는 자는 낮아지고 누구든지 자기를 낮추는 자는 높아지리라.(마태복음 23장 12절)"에 기록하였듯이 교육자의 본질은 겸손에 있는 것이다.

교사의 본래적인 사명은 학생이 교육자의 간섭이나 권위 없이도 삶을 독립적이고 자율적으로 꾸려나갈 수 있도록 도와주는 데 있다. 이때 권위는 교사의 능력과 탁월성이 잘 발휘되도록 조력하는 작용에 머물러야 한다.

교사와 부모는 권위주의자가 되지 않고 권위를 갖는 법을 배워야 한다. 위에서 아래로가 아니라 아래에서 위로 향할 때 진정한 권위이기 때문이다.

낮음을 기본으로 삼지 않으면 소중해질 수 없고, 낮지 않으면 높은 곳에 도달할 수 없으므로 권위를 포기하면 올바른 의미를 얻을 수 있다.

— 《도덕경》 39장 중 —

故貴以賤僞本, 高以下爲基.
고귀이천위본   고이하위기

그래야 "교육자와 비슷비슷하기만 한 것이 아니라 교육자를 앞질러 가는 학생들" 즉 청출어람青出於藍의 동량들을 키워낼 수 있을 것이다.

V

가르침의 도

1. 더불어 사는 자세: 조화, 협동
2. 솔선수범하는 모습: 모범, 책임
3. 《도덕경》의 관계성에 따른 인성교육 방법

V. 가르침의 도

1. 더불어 사는 자세: 조화, 협동

　인성교육에서 공동체와의 관계를 수립하고 조정하는 것은 구성원이 공동선을 실현하고 글로벌, 다문화, 다양한 사회적 조건에서 좋은 사회를 실현하는 데 필요한 자질을 배양하는 것과 관련이 있다.

　여기에는 인권 존중, 문화 다양성 존중, 바람직한 국가 정체성 형성, 글로벌 문제 해결에 참여하고 실천할 수 있는 능력이 포함된다. 지역사회와 적절한 관계를 갖기 위해서는 《도덕경》에서 하나 됨에서 나타나는 화합과 협력의 자세에 주목할 필요가 있다. 화합의 미덕은 《도덕경》 80장에서 소국과민小國寡民에서 찾을 수 있다.

　국가의 규모를 작게 하고 백성의 수를 적게 하라. 열 배 백배의 성능을 지닌 기계가 있어도 사용하지 않게 하고 죽음을 두렵게 여겨 백성들이 멀리 옮겨 다니지 않게 하라 그러면 배와 수레가 있어도 탈 일이 없고 갑옷과 무기가 있어도 쓸 일이 없게 되네. 사람들이 다시 노끈을 묶어 셈을 계산하게 하라. 그러면 자기네 음식을 달게 여기고 자기네 옷을 아름답게 여기며 자기네 집을 편안하게 여기고 자기네 풍속을 즐기게 될 것이니, 이웃 나라가 서로 바라보이고 닭 소리, 개 소리 서로 들려도 백성들은 늙어 죽을 때까지 서로 왕래하지 않을 것이네.

— 《도덕경》 80장 —

小國寡民.
소국과민

使有什伯之器而不用, 使民重死而不遠徙.
사유십백지기이불용   사민중사이불원사

雖有舟輿, 無所乘之, 雖有甲兵, 無所陳之.
수유주여   무소승지   수유갑병   무소진지

使民復結繩而用之.
사민복결승이용지

甘其食, 美其服, 安其居, 樂其俗.
감기식   미기복   안기거   낙기속

隣國相望, 鷄犬之聲相聞, 民至老死不相往來.
인국상망   계견지성상문   민지노사불상왕래

"국가의 규모를 작게 하고 백성의 수를 적게" 함으로서 노자는 작고 다양한 형태의 공동체를 추구한다. 노자는 이러한 상태를 '소국과민小國寡民'이라 이른다. 이것은 나라를 작은 단위로 쪼개서 관리하라는 뜻으로 나라의

규모는 작고 백성의 수는 적어야 하는 것으로 오늘날로 말하면 자율적 통합을 이루어 내는 지방분권 시스템을 갖추라는 의미이다. 노자가 보는 이상사회인 작은 나라와 적은 백성은 익명성이 적고 관계성이 충만한 작은 집단이 모두 으뜸으로 중시되는 다양화·다원화된 사회로 파악된다. 따라서 각 공동체 본연의 특성을 간직하며, 강압적인 일원화가 아닌 진정한 조화를 이룰 수 있게 되는 근거가 마련된다.

대규모 국가나 큰 공동체에서는 사회의 많은 부분이 제도화되어 다양성이 묵살되고 사람의 존귀함이 존중되지 못할 가능성이 크다. 거대 국가를 세우거나 운영하기 위해서는 어쩔 수 없이 인위적이고 강압적인 규율을 통한 표준화와 단일화가 강조될 수밖에 없다.

반면 작은 나라는 "자기네 음식을 달게 여기고 자기네 옷을 아름답게 여기며, 자기네 집을 편안하게 여기고 자기네 풍속을 즐기게 될 것이니"처럼 자신만의 본연의 모습이 유지될 수 있다. 이는 작은 나라와 적은 백성이 인종, 외모, 종교, 지역, 나이, 성적 취향의 차이와 상관없이 다양한 문화를 존중하고 이해할 수 있는 철학적 근거를 제공한다. 이렇게 《도덕경》에서는 조화를 이루며, 사는 작은 공동체 사회를 지향하고 있다.

또한, 조화로운 공동체는 국가 간에 무력이 아닌 평화적인 관계를 통해야 그 정권을 오히려 오래 유지할 수 있다. 전쟁은 무위無爲에 정면으로 어긋나고 자연스럽지 못한 현상이다. 소국민과의 조화를 깨트리고 큰 국가를 만들려는 전쟁은 지나친 욕심에서 발생하는 것이기 때문이다. 조화롭고 평화로운 공동체를 이루기 위해서는 개인과 집단의 지나치고 사사로운 욕심을 버려야 한다.

《도덕경》 제7장을 보면 이러한 욕심을 제거하는 방법에 대해 논의하고 있다.

천지는 영원하네. 천지가 영원할 수 있는 까닭은 '나만 살아야 하겠다'하는 의식이 없기 때문이니, 이로 인해 영원할 수 있네. 그러므로 성인은 자기 몸을 뒤서게 하지만 오히려 앞서게 되고, 자기 몸을 도외시하지만, 오히려 잘 보존되네. 이는 '나'를 주장함이 없기 때문이 아닌가? '나'를 주장하지 않기에 '나'를 이룰 수 있네.

天長地久, 天地所以能長且久者, 以其不自生,
천장지구　　　　　천지소이능장차구자　　　　　이기불자생

故能長生, 是以聖人後其身而身先,
고능장생　　　　시이성인후기신이신선

外其身而身存, 非以其無私邪? 故能成其私.
외기신이신존　　　　비이기무사야　　　　고능성기사

노자는 오직 자기 자신만을 생각하고 사리사욕만 챙기려는 생각을 버리라고 말하고 있다. 이러한 이기적인 생각을 버리는 것이 오히려 자신을 온전히 하고 오래 갈 수 있다고 하였다.

앞서 말한 소박한 공동체에서 백성들이 단순하고 평화롭게 살아갈 수 있는 것은 그들에게 근본적으로 지나친 욕심과 욕망이 없기 때문이다. 더 넓은 영토, 더 많은 수확물 등 다른 사람 것을 탐하는 바가 없어야 만족할 줄 안다. 이렇게 욕심을 제거하거나 줄인다면 공동체와의 관계에서 조화로울 수 있다.

유학적 전통에서 스승은 그림자도 밟아서는 안 되는 존재이다. 오늘날까지 아직도 일부분 유교적 전통 사고 방식이 통용되는 경우가 있다. 학생-스승의 분리의식,

나는 교육자이고, 너는 학생이라는 거리감 내지는 위계의식이 남아 있는 것이다.

이러한 위계의식은 먼저 학생의 자율성을 기르는데 일부 부정적으로 작용하는 부분이 있다. 위계의식을 가진 교육자는 자신은 지시하고, 학생은 따라야만 한다는 생각을 은연중에 품고 있는 경우를 본다.

이러한 태도는 인성교육적 측면에서 부정적으로 작용할 수 있다. 교육자와 학생의 수평적 관계, 더 나아가 가능하다면 교육자가 처하處下의 자세를 취할 때에 학생들이 배우고 느끼는 바가 크다.

물론 이러한 자세를 견지하기 위해서는 교육자의 인격이 상당한 수준에 있어야 한다. 노자의 언어로 말한다면 '도를 닦아야 한다.' 즉 덕德을 품고 있어야 한다. 옥을 품고 있으되 갈옷을 입은 듯 세상과 함께할 줄 아는 태도를 지니고 있어야 한다.

이때 필요한 것은 "온갖 사물을 이롭게 하기를 좋아하지만, 그들과 다투지 아니하며, 대중이 싫어하는 곳에 깃드는 물과 같이 교육자가 학생과 더불어 어울리는 자세이다. 학생들이 머물기 싫어하는 곳에 가는 것도 꺼리지 않는 교육자의 모습은 학생들의 인성에 많은 영향을 미칠 것이다. 그것이야말로 감동을 주는 교육이다.

모든 교육자에게 성인과 같이 행동하기를 바라는 것에는 한계가 있다. 부담스럽고, 힘든 요구로 느껴질 수 있기 때문이다. 그러나 성취하기가 힘든 수준이라고 해서 도외시하기보다는 이러한 자세를 견지하고자 하는 마음가짐이 중요하다.

적어도 "너는 학생, 나는 교육자이므로 너는 이래야 하고 나는 아니다."라는 논리와 위계의식으로 학생을 대할 때 인성교육에 주는 피해를 항상 염두에 두어야 할 것이기 때문이다.

다음으로 티끌과 하나됨(동진同塵)에서 조화와 협동의 덕목을 유추할 수 있다. 조화는 서로 잘 어울린다는 의미이지만 협동은 사회의 공동선을 위해 구성원들의 힘과 뜻을 하나로 모아 노력하는 것을 말한다.

티끌과 하나됨에 대해 서술한 《도덕경》 제56장을 살펴보면, 날카로운 것들은 무디게 하고 얽힌 것들은 풀어

주며, 빛나는 것들은 완화시키고, 세상의 티끌들과 하나
가 되네.

— 《도덕경》 56장 중 —

塞其兌, 閉其門, 挫其銳, 解其紛, 和其光, 同其塵.
색기태   폐기문   좌기예   해기분   화기광   동기진

도는 "날카로운 것들은 그 날카로움을 무디게 하고,
얽힌 것들은 그 얽혀 있는 것들을 풀어주며, 강하게 빛
나는 것들은 그 지나친 빛을 완화시켜준다."라고 했다.
여기서 날카로움, 얽힘, 강한 빛 등은 한 극단으로의 치
우친 것을 말한다. 치우침은 관계에 있어 부조화와 불균
형의 상태이다.

도는 이러한 편견에 적합한 장소를 찾아 결국 "세상
의 티끌과 하나가 되는" 상태를 보여준다. 티끌은 일반
적으로 불교의 세계를 의미한다. 그래서 세상의 티끌은
일반인, 즉 공동체로 볼 수 있다. 따라서 티끌과의 단결
하나됨이 공동체의 화합이라는 해석이다.

오늘날 우리 교육의 현실은 어떠한가? "현대 교육은
단지 머리만 가진 존재로 만들어 낸다. 오로지 조건화

(체제라는 탁월한 기제)를 통하여 왜곡된 자아를 만들어 내는 데 몰두한다.

세상은 우리를 신체적 필요와 욕구에 지배하게 만든다. 그러나 교육은 세상을 이 모든 방식과 다른 방식으로 바라보고 있으며, 나아가 '학계'라고 불리는 세계를 산산조각내면서 통일을 위한 시도는 거의 하지 않는다. 이것 때문에 우리는 스스로를 조각난 세계만큼이나 통일성 없는 존재로 이해하게 만든다고 팔머Palmer는 주장하고 있다.

다른 관점에서 보면 이러한 주장은 다소 극단적이거나 선동적일 수 있다. 오늘날 시도되고 있는 생태교육, 평화교육 등 다양한 시도에 대한 인식론적 수용이 다소 제한적이었기 때문이다. 그러나 팔머Palmer는 현대 학교교육이 완전성에서 완전히 멀어졌다고 비판한다.

2. 솔선수범하는 모습: 모범, 책임

　노자는 말 없는 가르침을 최고의 교육으로 생각한다. 어떻게 말하지 않고 가르친단 말인가? '말 없는 가르침'을 행한다.

― 《도덕경》 2장 중 ―

是以聖人處無爲之事.
시이성인처무위지사

　이는 "무위로써 일을 처리하고" 말없이 행동으로 본보기를 보인다는 뜻이다. 지혜로운 성인은 말을 쓰지 않으며, 말을 쓰는 사람은 제대로 알지 못하는 사람이기 때문이다.

― 《도덕경》 56장 중 ―

知者不言, 言者不知.
지자불언　　　언자부지

　노자의 교육론을 단적으로 보여주는 언표가 '말 없는 가르침(부언지교不言之敎)'이다. 따라서 이 언표가 어떠한 맥락에서 주장되는지 살펴보면 《도덕경》에서 직접적으로 언표言表되는 경우는 두 번(제2장, 제43장)이다.

천하(사람들이)가 모두 아름다움을 아름다움이 되는 것으로만 안다면 이것은 추함일 뿐이고, 선을 착함이 되는 것으로만 안다면 이것은 불선不善일 뿐이다. 그러므로 유와 무가 서로 공생하고, 어려움과 쉬움이 서로 이루고, 긺과 짧음이 서로 형성하고, 높음과 낮음이 서로 기울고, 음과 소리가 서로 조화하고, 앞과 뒤가 서로 수반한다. 이로써 성인은 무위의 일에 거처하고 '말 없는 가르침'을 행한다. 만물은 자라나면서도 다투지 않고, 공생하면서도 소유하지 않고, 일을 하면서도 의지하지 않고, 공을 이루어도 머물지 않는다.

— 《도덕경》 2장 —

天下皆知美之爲美, 斯惡已.
천하개지미지위미   사악이

皆知善之爲善, 斯不善已.
개지선지위선   사불선이

故有無相生, 難易相成, 長短相形,
고유무상생   난이상성   장단상형

高下相傾, 音聲相和, 前後相隨.
고하상경   음성상화   전후상수

是以聖人處無爲之事, 行不言之敎,
시이성인처무위지사   행불언지교

萬物作焉而不辭, 生而不有, 爲而不恃,
만물작언이불사   생이불유   위이불시

功成而不居. 夫唯不居, 是以不去.
공성이불거　　　부유불거　　　시이불거

〈아름다움／추함〉, 〈선함／불선함〉, 〈유／무〉, 〈어려움／쉬움〉, 〈깊／짧음〉, 〈높음／낮음〉, 〈음／소리〉, 〈앞／뒤〉 등은 단가적 택일이 아니라 서로 상관적 대대待對와 차연差延을 이룬다. 말하자면 이 세계는 반대되는 한 쌍의 범주들이 그 반대편을 자신의 존재 근거로 하면서 얽혀있다. 그것이 만물의 존재 방식이고 세계의 운행 원칙이기 때문이다.

그런데 사람들은 이러한 세계의 변함없는 사실을 모르고 어느 하나를 택일하여 규정짓기를 즐겨한다. 단가적 택일의 관점이 유위有爲의 일이라면, 상관적 차연의 관점은 무위의 일이다. 성인은 유위가 아니라 무위의 일에 거처하고, 이러한 무위의 세계를 불언不言으로 가르친다. 노자도 이를 본받고자 한다.

천하의 지극한 부드러움이 천하의 지극한 견고함을 제멋대로 다루고, 무無는 틈새가 없는 곳에도 들어간다. 나는 이로써 무위가 유익함을 안다. 말 없는 가르침과 무위의 유익함을 천하(사람들은)는 거의 미치지 못한다.

天下之至柔, 馳騁天下之至見. 無有入無間.
천하지지유   치빙천하지지견   무유입무간

吾是以之無爲之有益.
오시이지무위기유익

不言之教, 無爲之益, 天下稀及之.
불언지교   무위지익   천하희급지

　　노자는 '말 없는 가르침'을 주장한다. 그것은 '말 있는 가르침'과 대비된다. '말 있는 가르침'은 단가적 택일의 논리로 무장한 개념, 이론, 학문분과, 혹은 특정한 도식 schema을 통하여 세상 보기의 법을 가르치고자 하는 교육론이다. 이것이 지금까지 인류문명의 교육사에서 주류를 이뤄왔던 교육론이다. 이러한 교육을 가르치면 가르칠수록, 배우면 배울수록 지식이 쌓이고 관념은 축적될지 모르지만, 세상의 변함없는 사실과 분별의 도를 깨달음에는 오히려 방해가 된다.

　　이 '말 있는 가르침'은 지능의 분별심으로 세상을 장악하려는 소유욕과 지배욕을 키우는 데에 교육의 목적을 두고 있기 때문이다. 그래서 노자는 이러한 교육 대신에 '말 없는 가르침'을 주장한다. 그가 보기에 말과 언어로 개념화될 수 없는 곳에 진리를 넘어 도의 세계가

있다고 여기기 때문이다.

〈표 3〉에서 보듯이 '말 없는 가르침'의 교육 목적은 도를 깨닫고 덕을 터득하는 데 있다. 그래서 《도덕경》은 도를 깨닫고 덕을 터득하는 경전인 셈이다. 전자가 지知의 공부라면, 후자는 행行의 공부를 시키는 교육영역이라고 할 수 있다. 그러나 지공부와 행공부는 별개로 가는 것이 아니라 동시적이다.

도의 깨달음과 동시에 자연적 본성이 회복되는 지행합일知行合—의 공부이고 교육이다. 여기서의 구분은 어디까지나 편의상의 나눔일 뿐이다. 도의 깨달음을 위해서는 세상의 탄생과 원리에 대한 이해, 만물의 존재방식과 더불어 삶에 관한 이야기가 필요한 것이다.

그리고 이러한 이해들은 '말 없는 깨달음'에서처럼 지식을 쌓고 관념을 축적하는 이성이나 지성의 접근법이 아니다. 그것은 세상의 여여한 사실을 즉각적으로 포착해내는 '눈 밝음'의 직관이고 깨달음이다. '눈 밝음'의 깨달음을 얻는 순간 우리는 어린아이와 같은 자연적 본성을 회복할 수 있다.

<표 3> '말 없는 가르침'의 교육목표

교육 영역	교육목표의 상세화	근거
도의 깨달음	세계의 탄생과 원리 이해	천문이 열리고 닫힘을 암컷처럼 할 수 있을까?
	만물의 존재방식 이해	혼과 백을 싣고서 하나로 품어 분리됨이 없게 할 수 있을까?
	이해를 위한 눈 밝음의 깨달음	명백하게 통달하기를 무지로 할 수 있을까?
덕의 터득 (회복)	어린 아기 같은 본성의 회복	오로지 기를 부드럽게 하여 어린 아기처럼 될 수 있을까?
	무위윤리와 겸허의 덕 수련	마음의 거울을 잘 닦아서 티끌이 없게 할 수 있을까?
	무위정치의 이념과 방법 습득	백성을 사랑하고 나라 다스리기를 무위로 할 수 있을까?

출처: 강봉수(2013), p. 107.

인류의 생존 위기는 유럽의 개인주의를 극복하고 인간이 자기 책임으로 공존과 공존을 이어받을 수 있도록 자신의 본질에 대한 자각으로 해결할 수 있다. 인류의 공존과 공영은 인류의 무한한 생존과 번영을 의미하는 것이 아니라 인류가 함께 살다가 함께 죽을 수 있는 일체감을 의미한다. 따라서 자연환경을 개조할 수 없는 상황에서 인류 전체가 멸망하더라도 인간으로서 우리는 최선을 다했다고 말할 수 있다. 철학적 해명은 사람들이 자신을 인간으로서 확인·자각하게 만든다. 이때 비로소 정신이 눈을 뜨게 되고, 인간으로서의 삶과 학문의 필연적인 상관관계도 이해하게 된다.

인성교육에서 자연과의 관계는 인간 이외의 존재와 도덕적 관계를 맺는 것으로 바람직한 환경의식을 토대로 생태적으로 건전한 삶을 추구하는 것이다. 그러므로 인간과 자연과의 관계를 올바로 이해하고, 생태의식과 환경에 대한 규범적인 노력을 토대로 인간과 자연의 건강한 미래를 설계하는 능력이 포함되어야 한다.

《도덕경》의 원목 포박과 아이들(유아)을 통해 인간과 자연의 관계에 필요한 책임을 확인할 수 있다. 사람들이 자연에 대한 책임을 져야 하는 이유는 자연을 확립하고 조화시키기 위해 다음과 같다.

사람들은 자연을 수단으로만 생각하고 부주의하게 사용하고 훼손하여 심각한 자연파괴를 초래했으며, 최근 "환경책임 법"이 제정될 정도로 그 필요성이 대두되고 있다. 인간의 자기 검토와 성찰에 따라 생태계에 대한 인간의 책임과 미래세대에 대한 책임도 있을 것이다.

요나스H. Jonas는 인간 중심적 윤리가 포함할 수 없는 개인주의 윤리, 현재의 윤리, 심지어는 미래의 삶의 존재까지 고려한다. 이 정의는 책임의 개념이 목적을 최우선으로 생각하기 때문에 가능하다. 이러한 인간의 책임에 바탕이 되는 것이 생태주의, 일원주의, 탈인간중심주의의 세계관이다. 먼저 생태주의 세계관을 잘 보여 주는 것은 다음과 같다.

다듬지 않은 통나무(포박抱樸)는 인공적인 것이 가해지지 않은 소박한 원목 그 자체로, 그 어떤 인위와 조작도 가해지기 이전의 순수한 자연 생태 그대로를 상징한다.

《도덕경》 제28장을 보면 온갖 다양한 그릇으로 만들어지기 이전의 원형으로서 통나무를 말하고 있다.

'영광'을 알면서도 '욕됨'을 지키면 세상의 골짜기가 되고, 세상의 골자기가 되면 덕이 늘 충만하며, 덕이 충만하면 '통나무'가 되네. 통나무가 잘리면 비로소 그릇이 되는 것이니 성인이 '통나무'를 잘 사용하면 우두머리가 될 수 있네, 그러므로 큰 다스림은 다스림이 없는 것이네.

— 《도덕경》 28장 중 —

知其榮, 守其辱, 爲天下谷, 爲天下谷, 常德乃足,
지기영   수기욕   위천하곡   위천하곡   상덕내족

復歸於樸, 樸散則爲器, 聖人用之, 則爲官長.
복귀어박   박산즉위기   성인용지   즉위관장

故大制不割.
고대제불할

통나무박은 참된 것이다. 참된 것이 흩어져서 온갖 행실이 나오고, 갖가지 종류가 생겨나는 것이 마치 그릇과 같다. 성인은 그것이 나뉘고 깨어지는 것을 말미암아 그것들로 관장을 세운다. 그리하여 착함을 스승으로 삼고 착하지 않음을 바탕삼아 풍속을 바꾸고 다시 하나로 돌아가게 한다.

"덕이 가득 차면 통나무로 돌아온다"라고 한다. 이것은 모든 유형의 개체가 구별되기 전의 상태를 의미한다. 통나무가 이것저것으로 잘리면서 그릇이 만들어지고, 이 그릇들은 용도에 따라 이름이 붙여진다. 선박의 창조와 이름은 일종의 인위적인 형태와 제한을 가하는 것으로, 이는 문명을 의미한다. 따라서 자의적 문명을 비판한 노자는 "미덕이 넘치면 통나무로 돌아간다"라고 말했다.

우주의 모든 것이 하나로 연결되어 있다는 생태적 세

계관은 통나무와 비교하여 지도 속의 그릇과 비교하여 온갖 종류의 구체적인 물체를 만들어서 볼 수 있다. 생태계에서 우주의 모든 것은 유기적으로 연결되어 있으므로 한 영향력은 필연적으로 다른 영향을 미친다. 모든 것이 연결되어 있고 서로 밀접한 관계에 있기 때문이다.

그래서 우리는 또한 우주의 모든 것이 서로 의존하는 상호 유익한 관계에 있다는 것을 알고 있으므로 인위적으로 사용하지 말아야 한다. 다시 말하면, 원목은 만물의 상호 연결성과 상호의존성을 함축하고 있으며 노자는 인간과 자연과의 유기적 관계에 주목하고 있다.

같은 맥락으로 《도덕경》 제75장에서 "자연 그대로의 삶이 꾸며진 삶보다 낫다"는 사실을 보여 주고 있다.

백성들이 굶주리는 것은 그 위에 많은 세금을 거둬들이기 때문인데, 그래서 굶게 된다. 백성을 다스리기가 힘든 것은 그 위에서 억지로 일삼는 바가 있기 때문인데, 그래서 다스리기가 힘들다. 백성이 죽음을 가볍게 여기는 것은 그 위에서 너무 잘 살려고 하기 때문인데, 그래서 죽음을 가벼이 여기게 된다. 그러므로 삶으로써 억지로 일삼지 않는 것이 삶을 귀하게 여기는 것보다 낫다.

民之饑, 以其上食稅之多, 是以饑.
민지기　　　이기상식세지다　　　시이기

民之難治, 以其上之有爲, 是以難治.
민지난치　　　이기상지유위　　　시이난치

民之輕死, 以其上求生之厚, 是以輕死.
민지경사　　　이기상구생지후　　　시이경사

夫唯無以生爲者, 是賢於貴生.
부유무이생위자　　　시현어귀생

　백성의 생활이 고된 것은 위정자가 세금을 지나치게 걷기 때문이다. 그러니 생활할 수 없게 된다. 백성이 거역하는 것은 위정자가 이것, 저것을 지나치게 간섭하기 때문이다. 그러면 복종할 리 없다. 백성이 목숨을 소중하게 여기지 않는 것은 위정자가 욕망을 부추기기 때문이다. 그러면 오래 살 수 없다. 백성을 사랑하는 정치는 작위作爲하지 않고 자연에 맡기는 정치이다.

　통치자가 세금을 너무 가혹하게 거두고, 공포정치를 하며, 탐욕스럽고 사치하면, 백성들은 이로 말미암아 굶주림에 시달리다가 죽음을 가볍게 여기고 끝내는 반란까지 일으킨다. 그러면 통치자는 죽음을 면치 못한다. 그러면 어떻게 해야 하는 것인가? 청정무위(淸淨無爲:마음을 비우고 고요히 있으면서 억지로 일을 꾀하거나 벌이지 않는다) 하는 것이 최선의 방법이다.

당태종은 다음과 같은 말을 하였다. "백성들이 도적이 되는 것은 과중한 세금과 관리들의 부정으로 염치를 돌볼 겨를이 없을 만큼 굶주리기 때문이다. 임금이 사치를 없애고, 세금을 줄이며, 청렴한 관리를 등용한다면 백성들 스스로 도적이 되는 일이 없을 것이다."

통치자가 이와 같아야 하며, 백성들이 이와 같아야 한다. 그리고 노자는 자연 그대로의 삶이 꾸며진 삶보다 낫다고 하였다. 오늘날 세상이 이렇게 어지러운 것은 사람 자체가 '자연'이면서도 자연으로 살지 않기 때문이다. 사는 일 자체를 죽기 살기로 하니 만사가 힘들고 뒤틀리는 것이다.

우리나라에서 정치하는 사람들을 보면 자연하고는 너무나 거리가 멀다. 겉으로는 국민들을 위하는 척하면서 자신의 안위를 위하여 수단과 방법을 가리지 않고 범법 행위를 한다. 한 치 앞의 불행을 내다보지도 못한다. 정치인뿐만이 아니다. 많은 사람들이 억지로 일을 꾸미다 스스로 무덤을 파는 꼴이 되고 만다.

욕심은 더 큰 욕심을 낳는다. 멈출 줄 알아야 한다. 우리 인간들의 삶만이 힘든 것이 아니다. 말을 하지 않을 뿐이지 나무는 나무대로 꽃피우느라 힘들고, 강은 강대로 물을 흘려 보내느라 힘들다. 그렇다고 어느 나무와 어느 강이 힘들다고 하던가? 어느 나무와 어느 강이 그 공을 내세우던가? 모두가 자연인 것을…

또한, 집 강아지 추구芻狗에서 탈 인간중심주의 세계관을 볼 수 있다. 인간은 자연 만물의 주인이 아니며, 단지 만물 중의 일부일 뿐이다. 이러한 탈인간중심주의 세계관은 《도덕경》 제5장에서 극명하게 드러난다. 천지는 편애하지 않으니 모든 사물을 짚으로 만든 개처럼 여기네.

— 《도덕경》 5장 중 —

天地不仁, 以萬物爲芻狗.
천지불인　　　　이만물위추구

하늘과 땅은 편애가 없기 때문에 인간을 포함한 모든 것이 짚으로 만든 개처럼 취급된다. 짚으로 만든 개인의 추구는 제사 중에만 의식에 사용되며 의식 후에 무심히 되기 때문에 특별히 가치가 없다.

사람들은 제사를 위해 버려지는 짚 개를 대하듯이 천연 자연을 너무도 부주의하게 대한다. 하늘과 땅, 인간은 모든 것처럼 사람을 부주의하게 대한다. 따라서 《도덕경》의 관점에서 인간이 다른 물건을 만물의 주인인 것처럼 취급하고 손상시키는 것은 용납할 수 없는 일이다. 인간은 자연과 함께 만 존재한다.

《도덕경》의 자연과의 관계와 조화는 오늘날 환경오염이 심각한 어떤 관계보다 더 많은 의미를 가지고 있다. 자연파괴의 주범인 인간이 이에 대한 책임을 인식하는 것이 중요하다.

자연과 관련하여 생태학적, 일원론적, 포스트 휴머니즘적 세계관은 인간의 자기 성찰의 기초가 될 것이다. 이러한 자연에 대한 책임을 시작으로 자연보호에 대한 참여와 활동은 자연스럽게 계속될 것이다.

3. 《도덕경》의 관계성에 따른 인성교육 방법

인성교육의 목적은 무엇일까? 단순히 많은 지식을 배우는 것은 아니라 올바른 양심을 가지고 자신의 창의력을 마음껏 발산하는 것이다.

우리 선조에게 태극은 하늘이 우리 안에 심어놓은 '양심'이다. 양심에는 '인의예지仁義禮智'라는 보편적 소프트웨어가 탑재되어 있다. 그러므로 인성교육은 실제로 어렵지 않다. 이미 우리에게 선재 된 양심의 소프트웨어를 적절히 찾아서 표현하는 것이다.

양심적인 '영적 지성'을 갖춘 사람은 자신과 타인 모두의 행복을 위해 일하며 자명한 진리를 추구하기 때문에 모두를 위한 선행을 추구하고 실천한다. 그러나 '이기적인 욕심'을 바탕으로 지식과 재능만을 추구하는 소인배의 경우는 누군가의 선행을 이용하여 자신의 '이익'을 만들고, 누군가의 선한 행위를 이용하여 자신의 추함을 숨기려 한다. 이것은 도둑에게 무기를 빌려주고 도둑에게 음식을 가져오는 것과 같다.

소인은 '욕심'을 추구하기 때문에 자신의 양심을 따를 의도가 없다. 따라서 사회 전체가 탐욕만 추구하는 반면 군자는 타인의 평가에는 신경 쓰지 않고 '양심의 평가'만을 강조한다. 그리고 항상 양심을 먼저 실천하려고 한다. 그러다 보니 주변 사람들에게 긍정적인 영향을 주어 남들까지도 양심을 돌아보게 만든다. 이것이 군자가 이 사회에 꼭 필요한 이유가 되는 것이다.

《도덕경》의 제78장을 보면 교육자가 가져야 할 인성에 대하여 잘 설명하고 있다.

세상에서 물보다 부드럽고 약한 것은 없네, 그러나 강한 것을 이기는 데 있어 아무도 물을 이길 수 없으니 아무도 물을 대신할 수 없기 때문이네. 약한 것이 강한 것을 이기고 부드러운 것이 딱딱한 것을 이긴다는 사실, 세상에서 이 이치를 모르는 이 없으나 아무도 실천할 줄 모르네, 그러므로 성인은 말하네, "나라의 욕됨을 감수하는 이, 사직의 주인이 되고 나라의 궂은일을 더 맡는 이, 세상의 왕이 된다." 이처럼 바른말은 정반대의 말로 들린다네.

天下莫柔弱於水, 而攻堅強者莫之能勝,
천하막유약어수   이공견강자막지능승

以有無以易之. 弱之勝强, 柔之勝剛,
이유무이역지   약지승강   유지승강

天下莫不知, 莫能行. 是以聖人云, 愛國之垢,
천하막부지   막능행   시이성인운   애국지구

是謂社稷主, 愛國不祥, 是謂天下王. 正言若反.
시위사직주   애국불상   시위천하왕   정언약반

물은 지극히 부드럽다. 그래서 만나는 사물에 따라 자유자재로 그 형체를 변형시킨다. 네모난 그릇에 담기면 네모가 되고, 세모난 그릇에 담기면 세모가 되며, 둥근 그릇에 담기면 둥글게 된다. 또한, 물은 지극히 약하고 여리다. 흐르는 물은 나무나 바위 같은 장애물을 만나면 맞부딪쳐 쓰러뜨리기보다는 슬그머니 돌아서 비켜 간다.

높은 둑이 가로막고 있으면 가만히 멈춰서 더 많은 물이 모여 넘쳐흐를 수 있을 때까지 기다린다. 이처럼 물은 지극히 부드럽고 연약하다. 그러나 물은 한번 그 힘을 발휘하면 바위도 뚫을 수 있고 무거운 배도 들어 올릴 수 있으며, 온갖 더러운 것들을 깨끗이 정화시킬 수 있다.

세계의 사람들은 물의 힘을 알고 있다. 우리는 물과

같은 부드러움이 바위와 철과 같은 힘을 극복한다는 것을 안다. 그러나 아무도 '물'이 되려고 하지 않다. 왜? 물의 힘을 발휘하기 위해서는 연약한 사람이 강자를 극복하는 데 매우 오랜 시간이 걸린다는 것을 알고 있기 때문이다. 즉, 사람들은 오래 기다릴 수 없고 참을 수 없다. 즉각적인 효용과 효율성을 소중히 여기고 그들 앞에서 이익을 위해 서두르는 사람들은 오랫동안 물을 기다릴 수 없기 때문이다.

현대는 강함을 지향하는 시대이다. 뒤서기보다는 앞서기가 강조되고, 낮은 곳보다는 높은 곳이 선호되며, 유약함보다는 강인함이 높이 평가되고, 자신을 감추는 사람보다는 적극적으로 드러내는 사람이 중용되는 시대이다. 이러한 시대에 "부드러움이 강함을 이긴다."라는 노자의 가르침을 몸소 실천하는 사람은 자칫 '어리석은 사람'으로 비웃음거리나 되기 쉬울 수 있다.

그러나 노자는 거꾸로 말한다. 부드럽고 약하기 때문에 오히려 강함을 이길 수 있고, 또한 물이 세상의 온갖 더러움을 다 씻어 주듯이 스스로 세상의 온갖 욕됨과 궂은일을 도맡은 '걸레'가 될 때 비로소 천하의 주인이 될 수 있다고 말이다.

국가의 '걸레'가 되어 국가의 어려운 일이 있을 때마다 온갖 궂은일, 욕먹는 일을 스스로 도맡을 때 국가의 참된 지도자가 될 수 있다는 것이다. 미래의 동량棟梁을 길러 내는 교육자야말로 참으로 명심해야 할 말씀인 것이다.

서양에 있어서 철학적 전통은 이론과 실천 사이에 있어서 분分의 논리가 강하게 유지되고 있다. 그러므로 대부분의 서양철학자들은 이미 오래전부터 철학 고유의 영역에서 윤리학을 배제해 왔으나 동양철학에 있어서는 실천에 대한 관심을 잠시도 놓지 않았다.

고대 선진先秦 시대의 유가사상에 있어서나 아니면 20세기 현대사상이라고 할 수 있는 '현대 유가사상'에 있어서도 항상 그 밑바닥에는 도덕적 실천의 문제가 짙게 깔렸으므로 동양철학에 있어서는 실천이 매우 중요함을 알 수가 있다.

《도덕경》 48장은 위학僞學과 위도爲道 사이의 관계에 대한 《도덕경》의 견해를 집약적으로 보여준다. 위학은 학문하는 것이고 위도는 도를 추구하는 것으로 노자는 위학과 위도로 구별하였다. 유학에서의 학문은 박문강기博聞强記하여 지식을 날마다 축적하는 것이다.

그러나 노장에서 중요시하는 것은 위학이 아니라 위도에 있다. 노자는 심성을 날마다 비워야 도에 이를 수 있다고 주장한다. 도는 타고난 인간의 바른 심성이기 때문에 비움을 통해서만 회복될 수 있기 때문이다.

아래 인용문에 나타난 위학과 위도의 관계, 그리고 각각의 성격과 특징을 시사하는 익益과 손損의 의미를 알아보는 것은 인성교육의 방법을 알아보는 데에 단서가 될 것이다.

위학과 위도의 관계는 크게 두 가지 관점에서 파악할 수 있는데, 하나는 도가 만물과는 전혀 다른 차원의 존재라는 점, 그리하여 만물을 통하여 도를 획득하는 일은 원칙상 불가능하다는 점에 기인한 양자를 별개의 활동으로 파악하는 것이고, 다른 하나는 도가 만물로 표현된다는 점, 그리하여 만물을 대상으로 하는 지식 또한 도의 획득경로가 된다는 점에 기인하는 양자를 동일한 활동의 상이한 측면으로 파악하는 것이다. 여기서는 후자의 입장에서 파악하였다.

학學을 하는 것은 나날이 보태어 가는 것이며, 도道를 하는 것은 나날이 영글어 가는 것이다. 덜고 또 덜면 무위의 상태에 이른다. 무위를 하면 이루지 못할 것이 없다.

— 《도덕경》 48장 중 —

爲學日益, 爲道日損.
위학일익   위도일손

損之又損, 以至於無爲, 無爲而無不爲.
손지우손   이지어무위   무위이무불위

이 인용문에서 일익日益과 일손日損은 지적한 바와 같이 증인과 위도는 별개의 또는 심지어 반대되는 활동으로 인식될 수 있다.

하상공은 이렇게 두 관계를 파악한 대표적인 인물이다. 그에 따르면 학은 인공적인 정교예악政教禮樂을 의미하는 반면, 도는 개입 없이 순수한 자연을 의미한다.

또한, 일익日益과 일손日損은 대상이 욕망이자 허위이며, 일상의 욕망과 가식이 매일 추가되고, 일손은 매일 욕망의 완화와 척함을 의미한다. 이 경우에 위도는 욕망과 가식을 불러일으키게 하는 위학과 정반대 편에 놓이게 된다.

위학은 인간으로 하여금 욕망과 가식을 나날이 쌓도록 하므로, 교육자가 인성교육을 하기 위해서는 위학이 아니라 위도를 해야 한다. 위도만이 일체의 분별과 사심이 사라진 인성교육을 하게 할 수 있기 때문이다.

위학과 위도의 관계에 대한 두 가지 다른 관점은 차이에도 불구하고 도가 인간이 따라야 할 절대적 기준이라는 점에 대한 근본적인 합의이다.

두 관점의 차이는 절대적 기준의 인정 여부가 아니라 절대적 기준의 존재와 획득 방식에 있다. 증인과 위도를 별개의 활동으로 파악하는 관점에서 보면 도는 모든 것을 넘어 존재하기 때문에 원칙적으로 모든 것을 통해 도를 얻는 것은 불가능하다. 만물이 결코 도를 얻는 길이 될 수 없다면, 만물을 표적으로 삼는 지식은 도를 얻는 길이 될 수 없다.

인간은 자신을 위하여 만물을 이용할 뿐이며, 이 과정에서 만물에 관한 지식을 축적한다. 이 지식은 도에 도달하거나 인간을 변화시키는 것이 아니라 인간의 이익을 위해 모든 것을 변화시켜 인간의 이기심을 촉진하기 위한 것이다. 결국, 지식을 습득하는 것은 자기 이익

추구와 관련이 있으며, 도에 도달하기 위한 것이 아니라 오히려 적극적으로 방해가 된다.

위학 이라는 것은 말 그대로 인간 세상에서 일반적으로 말하는 학문을 말한다. 그러나 위학에는 한계점이 많은데,

첫째, 위학은 궁극적으로 말하는 '완전한 앎'이라 할 수 있는 도의 체득은 지식을 넓혀가는 방식으론 결코 알 수 없다.

둘째, 지식을 넓혀가는 방식으로는 우리들의 삶에 도래하는 우환憂患을 끊을 수 없다. 그러나 이러한 방식으로는 '도에 대한 인식'은 불가능하다. 이는 달리 말하자면 차별을 짓는 것이다.

위학의 세계는 차별·분별을 특징으로 한다. 즉 이것과 저것을 구분을 짓는 세계이다. 반대로 위도라는 것은 우리의 도의 인식 방법으로 위도를 말한다. 위도는 날로 날로 분별지를 덜어내는 것으로, 우리가 도를 체득하는 과정, 즉 명지明知를 체득하는 과정은 일상적 언어와 개념화의 한계를 자각하여 우리의 감각적 경험과 이성적 사유를 거부하고 "무언無言의 언言"과 순수 직관을 중시한다.

결국, 위도란 우리가 분별지를 제거하고 명지를 찾아가는 길이다. 위도의 끝에서 우리가 도달하는 경지는 현동玄同으로 무와 유를 통일적으로 인식하는 것으로, 달리 말하자면 '도를 체득하는 것이다. 이는 '체도體道'와 '무신無身'의 경지에 도달하는 것이다.

만약 인간이 무욕할 수 있다면 참된 지혜를 가질 수 있다. 제가의 삶과 세상, 그리고 만물의 근본 이치를 진정으로 깨닫고자 하는 데에 있어서도 가장 강조하고 있는 것도 바로 이 '위도'이다.

지식을 습득하는 것이 곧 도에 도달하는 유일한 길이라고 《도덕경》은 말한다. 그러나 아무리 열심히 지식을 추구해도 도에 이르지 못하는 경우가 있다. 이것은 지식을 습득한다고 해서 도에 도달한다는 것을 자동으로 보장하지 않는다는 것이 그 의미라 할 수 있겠다.

지식의 습득이 도에 이르렀는데 왜 그런 현상이 나타나는가? 위학이 도에 도달하는 유일한 길이라고 해도 위학은 끊임없이 변화하는 시계열 속에서 일어난다. 시계열을 초월하는 경우 위학은 즉시 위도가 되지만 시계열에 속하는 경우 항상 위도에서 벗어날 가능성이 있는 것이다.

이처럼 지식의 개념은 위학과 위도를 별도의 활동으로 파악하는 관점과 교육이론에서 문제 해결 수단으로 지식을 보는 관점이 동일하다. 그러나 위학과 위도를 동일한 활동의 다른 측면으로 파악하는 관점은 도는 모든 것에 내재되어 있으므로 모든 것이 도를 획득하는 경로임을 강조한다.

모든 것이 도를 얻는 길이면서 그것을 얻는 지식도 도를 얻는 길이다. 즉, 지식은 모든 것을 이해하는 행위 또는 결과이며, 인간은 모든 것을 이해하는 행위를 통해 그 속에 담긴 도를 이해하게 된다.

만물을 이해하는 것은 도로 이어지므로 지식을 얻는 것도 도로 가는 길이다. 한 걸음 더 나아가서 도에 있는 모든 것 외에는 표현할 길이 없고, 만물이 만들어져야만 인간이 모든 것을 이해할 수 있다는 점을 감안하면 지식을 얻는 것 외에는 도에 도달할 길이 없다.

그러므로 지금까지 설명에 기초하여 위도를 교육의 용어로 진술하면, 위도는 교육방법이면서 교육목적이다. 교육방법으로서의 위도는 위학과 동일한 활동이며, 교육목적으로서의 위도는 위학의 이면이다. 바로 여기에 위학 이외에 위도를 별도로 말해야 할 이유가 있는 것이다.

이상에서 살펴본 바에 의하면 《도덕경》의 비유 및 상징을 바탕으로 인성교육에 의미 있는 덕목들에 대하여 살펴보았다. 이것을 정리하면 다음 〈표 4〉와 같다.

〈표 4〉《도덕경》과 인성교육의 관계차원의 덕목

비유 및 상징물	관계 차원	인성교육 관련 덕목
물, 여성	자기와 타인	소통, 배려, 겸손, 포용
작은 나라와 적은 백성, 티끌과 하나됨	공동체	조화, 협동
어린아이, 다듬지 않은 통나무	자연	모범, 책임

출처: 우버들, (2017: 48), 재정리.

《도덕경》의 물과 여성에서 인성교육에서 중요한 자신, 타인과의 관계에서 요청되는 소통, 배려, 겸손, 포용 등의 덕목을 볼 수 있었다. 《도덕경》의 작은 나라와 적은 백성, 티끌과 하나됨은 인성교육에서 공동체와의 관계에서 필요한 조화와 협동을 확인할 수 있었고, 《도덕경》의 어린아이, 다듬지 않은 통나무 등은 자연과의 관계에서 자연에 대한 책임에 바탕이 되는 생태론적·일원적·탈인간중심적 세계관을 확인하였다.

우리나라 전통사회의 교육은 배우고 익힌 것의 실천을 매우 중시하고 있다. 아는 것을 행동으로 옮기는 통합의 원리는 배움에 있어서 지식이나 기능과 같은 어느 한쪽의 능력에만 편중된 불균형한 발달을 지양한다. 즉, 통합의 원리는 지知 · 정情 · 의意와 같은 전인적 특성을 조화롭게 발전시켜야 한다는 원리이다. 이는 배운 사람이 스스로 행하면서 배우는Learning by doing 경험의 원리, 체험의 원리와도 연결된다.

전체적으로 통합된 인간 즉, 전인적인 인간을 기르는 것이 교육의 목적이라고 할 때 지력과 기능 위주의 학습, 문자를 통한 추상적인 학습에만 초점을 맞추기보다는 도와 덕이 조화를 이루도록 하며, 경험을 바탕으로 한 구체적인 학습을 도모하는 것이 인성교육의 목적에 잘 부합되는 노자의 교육내용이자 교육의 원리라 할 수 있겠다.

우리 전통교육도 '삶다운 삶', '인간다운 인간'을 위한 인격교육이고 윤리교육이었기에 실천이 없는 지식은 가치를 지니지 못했다. 노자 사상에서 행함이 없는 앎은 오히려 해롭다는 것을 통찰하였고, 결국 지知가 행行과 분리되지 아니하고 하나로서 조화를 이룰 때에만 의미를 갖는다는 지행합일知行合一의 사상이 인성교육의 원리로 자리 잡게 된 것이다. 이러한 《도덕경》의 논의를 바탕으로 인성교육의 방법을 살펴보면 다음과 같다.

첫째, 자기 자신과 타인과의 관계를 올바로 맺고 조율하기 위해서는 마음을 비우고 고요하게 허정虛靜하게 하는 자기성찰을 위한 명상을 하도록 할 수 있다. 마음을 비우게 되면 고요하게 되고, 고요하게 되면 능히 자기를 바르게 할 수 있고, 천하를 바르게 할 수 있다.

이러한 의미에서 소학小學에서도 시, 노래, 춤과 같이 자연스럽게 아이들의 흥미를 불러일으킬 수 있는 접근 방식을 취하여 아이들로 하여금 자발적인 학습동기를 유발할 수 있도록 지도하는 교육원리를 제시하고 있다.

그러므로 마음을 비운다는 것은 마음에 존재하는 모든 분별적·대립적·집착적 관념을 비워내는 수양을 의미한다. 이는 마음을 비움으로 내적 관계를 일체의 분별과 대립이 아닌 무분별, 초분별의 마음으로 만날 수 있다.

그리고 마음의 비움은 마음의 고요함으로 연결하게 되는데, 그 고요함의 영역에서 조화로운 개체와 만물의 관계를 비로소 인식할 수 있게 된다. 즉 타인에 의한 인위적이고 강제적인 강의식 교육을 지양하고 스스로 마음을 비우고 고요하게 명상으로 자신의 내적인 관계 및 타인과의 관계에 대한 지각이 우선해야 한다는 것이다.

둘째, 공동체와의 올바른 관계 맺기와 조율을 위한 인성교육의 방법으로 부드러움[柔]과 다투지 않음[不爭]의 협동학습을 실시할 수 있다. 부드러움은 앞서 살펴본 것과 같이 물처럼 소통, 배려, 포용의 자세로 친구들과 서로 상의하여 의견을 모으거나 문제를 해결할 때 필요한 태도이다.

또한, 다투지 않음은 겸손한 자세로 자신의 의도나 목적을 고집하기 보다는 타인을 있는 그대로 수용하는 자세로 협동학습으로 익힐 수 있다. 이러한 부드러움과 다투지 않음의 협동학습은 지금 당장은 작은 공동체인 친구들에 한정되어 있지만 이러한 활동을 통해 훗날 사회구성원으로, 국민으로, 지구공동체 일원으로 공동체 의식이나 연대성을 갖추는 토대를 마련할 수 있을 것이다.

어떠한 방법으로 인성교육을 하여야 할까? 노자는 무위의 정치를 답으로 제시하고 있다.

학學을 하는 것은 나날이 보태어 가는 것이며, 도道를 하는 것은 나날이 영글어 가는 것이다. 덜고 또 덜면 무위의 상태에 이른다. 무위를 하면 이루지 못할 것이 없다. 무사無事로써 항상 천하를 취하고 유사有事에 미치게 되면 천하를 취하기에 부족하다.

— 《도덕경》 48장 —

爲學日益, 爲道日損.
위학일익   위도일손

損之又損, 以至於無爲, 無爲而無不爲.
손지우손   이지어무위   무위이무불위

取天下常以無事, 及其有事, 不足以取天下.
취천하상이무사   급기유사   부족이취천하

노자는 도를 닦는 것은 외연을 확장하는 것이 아니라 내면에 관심을 기울이고 본성을 발견하는 것이라고 말한다. 즉, 도를 닦는 것은 나의 아상我想을 버리는 것이며, 무위로서의 삶을 살게 되는 것이다.

《도덕경》에서 "천하를 취함에 언제나 무위로써 취함'이라고 한 이유는 세상 만물을 있는 그대로 인정하고 받아들인다는 의미이다. 그 순간 세상을 온전히 취할 수 있는 것이다. 이때 취한다는 의미는 소유를 의미하는 것

이 아니라 이 세상과 하나가 된다는 의미이다.

이러한 노자의 논리를 인성교육에 적용하면, 훌륭한 가르침이란 도로써, 즉 무위로 가르치는 것이다. 그것은 어떤 제도나 규율 등의 지식을 동원하여 가르치는 것이 아니라 배우는 자를 있는 그대로 인정하고 존중함으로써 가르치는 자인 교육자의 욕망에 의해 가르치지 않는 것을 말한다.

셋째, 자연과의 관계에 있어 학생들이 자연 속에서 무작위無作爲의 체험학습의 기회를 가질 수 있다. 무작위는 위선적이고 전체를 파악하지 못하는 부분적인 행위, 그리고 욕망, 분별, 허위의식과 교만의식에서 나오는 거짓[爲]을 하지 않는 즉, 자기 자신을 위하여 다른 존재를 파괴하는 행위를 하지 않는 것이다.

당연히 모든 사회의 리더는 그러한 조작적인 인간이 되어서는 안 되는 것이다. 즉 인간만을 생각하는 것이 아니라 범위를 넓혀 인간 이외의 자연도 함께 생각하는 것으로 확장할 수 있다.

맹모孟母의 삼천지교三遷之敎에서도 알 수 있듯이 수학자修學者를 둘러싼 미시적 환경뿐만 아니라 보다 넓은 광

역의 사회적 환경까지도 인성교육에 지대한 영향을 미치는 요인임을 시사하는, 사회 환경 모델 제시의 좋은 예로 등장하고 있으므로 이와 같은 내용들은 교육환경의 중요성과 가르치는 이의 모범模範과 수범垂範, 전범典範이 내포하는 교육적 기능을 잘 설명해주고 있는 대목들이다.

진실한 말은 아름답지 않고, 아름다운 말은 믿을 수 없다. 아름다운 나무는 작은 싹에서 자라나고, 9층 높은 누각은 한줌 흙에서 세워지며, 천리 길은 발밑에서 시작되는 것처럼 노자가 말하기를 "도는 일一을 낳고 일은 이二를 낳으며, 이는 삼三을 낳고 삼은 만물을 낳는다"라고 하였다. 또한 노자는 "사람은 땅을 본받고, 땅은 하늘을 본받으며, 하늘은 도를 본받고, 도는 자연을 본받는다"고 말한 것처럼 최고의 선은 물과 같은 것으로, 물은 만물을 이롭게 하고 다투지 않듯이 하늘의 도는 이롭게 할뿐 해치지 않으며, 성인의 도는 남을 위할 뿐 다투지 않는다.

따라서 학생들은 자연 속에서 다양한 활동을 직접 체험하고 경험함으로써 자신들을 둘러싸고 있는 자연의 스스로 그러하고 자연스러움을 익히게 될 것이다. 이러한 활동을 통해 학생들이 스스로 자연을 아끼고 보호하는 책임 감식이 새롭게 변할 것이지만, 세상이 변하고 사람의 삶이 변하더라도 인간의 삶에서 중요하고 존귀하며 변하지 않아야 할 것은 인성이다.

VI

노자,
인간의 희망

VI. 노자, 인간의 희망

1. 노자, 인간의 희망

《도덕경》은 모든 우주 만물의 생성 및 운행 원리를 설명하고 있기 때문에 조화로운 관계 맺기 및 조율에 있어 오늘날 인성교육을 하는 데 있어 교육자에게 주는 시사점이 매우 크다. 따라서 유교의 유폐를 극복할 대안으로 노자의 《도덕경》은 바람직한 인성교육 자료가 될 수 있다.

《도덕경》의 기본 개념인 도와 덕의 개념에서 도는 형이상학적인 만물과 우주 전체의 본체로서 만물을 변화하게 하고, 살게 하는 기본 원리로서 도는 만물을 생성하지만 어떠한 의지나 목적을 가지고 있지 않으므로 무위자연無爲自然의 성격을 가지고 있다.

또한, 도는 세계 곳곳에서 소통하는 특정 실체에 해당하며 만물의 존재와 창조의 중심 축이다. 즉, 도는 만물을 생성하지만, 의지나 목적이 없기에 무위하며 대립 전화對立轉化의 성격을 지닌다.

그리고 덕이란 만물에 함축된 도의 다른 이름으로 만물이 도를 얻었음을 의미하며, 우주의 만물이 살고 존재하며 자연을 함축하고 드러내는 도의 상태에 있음을 의미하며 허정虛靜, 부쟁不爭, 무작위無作爲 등으로 나타난다. 즉 덕은 만물에 영양을 공급하고 열매를 맺게 하고 숙성시켜 가꾸고 보호함으로써 생명을 연장하고 성취하며 창조와 화합의 기능을 수행하는 것이다.

도가 천지의 것을 천지의 것으로 만드는 원리라면 덕은 개개인이 그것을 가져야 하는 원리다. 도는 만물의 원동력이고 덕이 있지만 본질적으로 둘 사이에는 차이가 없고 동등하다.

도는 덕으로서 인간에게 잠재되어 있기에 인간은 덕을 통해 도에 도달할 수 있다. 따라서 본성인 덕을 회복하기 위해서는 인간이 인위를 버려야 한다. 노자는 인위를 제거하고 덕을 습득하면 평범한 사람들이 훈련을 통해 성도의 이상성 즉 현동玄同에 도달할 수 있다고 생각했다. 요컨대 성인의 무위는 유약한 정신을 실천하는 행위이며 도를 구현하는 행위라 할 수 있다. 《도덕경》이 '제왕의 통치술 소국과민小國寡民'으로 인식되지만 성인뿐만 아니라 일반 사람들과 학생들에게도 노자 철학을 실천할 수 있는 주체가 될 수 있다.

《도덕경》의 관계성은 인성교육의 의미를 함축하고 있다. 도덕경의 핵심인 무위의 본질은 언어의 한계로 인해 물과 여성, 작은 나라와 소수의 사람, 티끌과 하나 됨, 다듬지 않은 통나무와 아이들로 함축되어 있기 때문이다.

노자의 바람은 인간의 주관성을 탈피하여 자연의 객관성으로 나아가는 것이다. 즉, '가치'의 세계와 결별하고, 자연이라고 하는 '사실'의 세계에서 인간질서의 근거를 발견하려고 하였다. 자연의 질서를 인간의 질서로 만들어 보고자 한 것으로 볼 수 있다. 자연이 움직이는 모습을 그대로 따르거나 모방해서 살아보자는 것으로

첫째, 《도덕경》에서 물과 여성은 인성교육에서 자신과 타인과의 관계를 구축하는 데 필요한 덕목으로 소통, 배려, 겸손, 포용 등의 태도를 보여준다. 물이 자연스럽게 흐르는 것처럼 타인과 충돌하지 않고 소통, 배려, 겸손, 포용의 자세를 보일 때 자연스럽게 흐른다.

둘째, 《도덕경》의 작은 나라와 적은 백성 소국과민小

國寡民 그리고 티끌과 하나됨 동진同塵은 인성교육에서 공동체와의 관계에 필요한 화합과 협력의 자세를 보여준다. 작은 나라와 적은 백성은 다양성을 존중하고 조화시켰다. 그리고 티끌과 하나 됨은 화합과 협력의 덕목을 보여주었다.

셋째, 《도덕경》의 원목포박抱樸과 유아乳兒를 통해서는 자연과 관련된 인간의 책임에 근간이 되는 생태적, 일원적, 포스트 인간 중심의 세계관을 확인할 수 있었다. 즉, 통나무는 인류에 대한 생태적 관점을 보여주고, 아이는 일원론적 세계관을, 집 강아지는 탈인간중심의 세계관을 보여준다.

끝으로 《도덕경》에 대한 논의를 바탕으로 인성교육의 방법을 모색해 보았다. 《도덕경》의 물과 여성에서 인성교육에서 중요한 자신, 타인과의 관계에서 요청되는 존중, 배려, 겸손, 포용의 덕목의 미덕을 확인할 수 있었다.

《도덕경》에는 세 가지 보물이 있는데, 첫째는 자애慈愛로 자애의 본성은 자연인데 인자한 마음으로 만물을 선하게 대하는 것이다. 자애로움으로 만물을 감화하면 만물도 저절로 자애로워진다는 것이다.

세상 사람들이 모두 자애로우면 백성은 저절로 편안하고 나라는 저절로 다스려지게 된다. 또한, 자애로우면 도리어 용감해진다. 그러므로 교육자들이 자애로움으로 교육하여야 하며 이렇게 교육을 받는 학생들은 편안해져 스스로 어려움을 해결할 수 있게 된다는 것이다.

둘째는 겸손함으로 겸손함의 본성은 청정淸淨인데 이것은 마음을 맑고, 고요하게 하고, 진실하게 행하며, 하늘과 사람에 순응하고 자연과 어우러지는 것이다. 그리하면 자연이든 사람이든 만물을 이롭게 하게 된다. 따라서 교육자가 겸손함으로 학생들을 대할 때 학생들은 순응하게 되며, 욕심 없이 마음이 깨끗하고 넉넉하게 따르게 되는 것이다.

셋째는 남보다 앞서지 않는 마음이다. 겸손하게 자신을 낮추고 지혜와 욕심을 버리며, 만물과 다투지 않고 능력을 자랑하지 않으며, 몸을 뒤에 두고 앞서지 않는 것이다. 물의 본성이 이러한 것으로, 이러한 본성은 삶에 유용한 것은 아니지만 아무도 겸손한 사람과는 다투지 않으며, 다투지 않기에 아무도 그와 견줄 수 없게 된다는 것이다.

유가는 채우고, 채우고 또 채워서 그 높이를 우주의 높이까지 이르게 할 수 있다고 보는 반면, 도가는 비우고, 비우고 또 비워서 우주를 그대로 받아들일 수 있다고 믿고 있는데, 서로 차이가 있는 것으로 공자는 인간의 근본적인 어떤 정서, 근본적인 내면성을 기반으로 만들어진 공통의 이념을 모두 따라가게 하는 방식으로 세계를 관리하려 하였지만, 노자는 인간성에 바탕을 두고 형성된 이념이 선과 악에 관계없이 보편적인 것으로 요구되는 한 어떠한 기준이 될 수밖에 없다고 보고, 자신의 가치론적 의지 없이 세계 자체의 실상 그대로에 반응하는 방식을 노자가 말하는 '무위'라고 설명하였다.

노자사상에서 인성교육의 원리로 행함이 없는 앎은 오히려 해롭다는 것을 통찰하고, 결국 지知가 행行과 분리되지 아니하고 하나로서 조화를 이룰 때에만 의미를 갖는다는 지행합일知行合一 사상을 통해 이를 실행하는 방법으로 자기 자신과 타인의 관계를 진정으로 인식하고 그 중요성을 깨달을 수 있도록 마음을 비우고 고요하게 허정허정虛靜虛靜하는 명상의 방법을 사용할 수 있다.

공동체와의 올바른 관계 맺기와 조율을 위한 인성교

육방법으로 부드러움柔弱과 다투지 않음 부쟁의 협동학습을 이용할 수 있음을 설명하였고, 인성교육 방법에 대해 노자는 무위의 정치를 답으로 제시하고 있는데, 노자는 도를 닦는 것은 외연을 확장하는 것이 아니라 내면에 관심을 기울이고 본성을 발견하는 것이라고 정의하고 있다.

도가 사상의 목표는 무위無爲로서의 본래 상태인 자연의 질서 회복하는 것이다. 인위적인 노력을 비판하고 부정하며 자연의 질서에 순응하는 것이 특징으로 노자는 절대 자유의 경지 추구한다.

노자는 사회 혼란의 원인을 인간의 그릇된 인식과 가치관 그리고 인위적인 사회 제도에 있다고 본다. 인간이 추구하는 이상적인 삶을 물이 갖추고 있는 덕과 겸허謙虛와 부쟁不爭의 덕에서 찾고자 하였다. 무위자연無爲自然은 인위적으로 하지 않고 자연의 본성을 따르는 상태로 으뜸이 되는 선은 물과 같기에 가장 이상적인 무위자연이다. 물아일체物我一體의 경지에 이른 도가의 이상적 인간상이다.

2. 공존의 통합

　도덕경은 오늘날 거짓과 위선과 욕망과 아집이 세상을 지배하려는 악의惡意를 일깨워 내는 힘이 있다. 서로 비움과 낮음은 개인을 살리고 공동체를 살린다. 욕망을 절제할 수 있고, 교육의 기반이 될 수 있으며, 치우침이 없이 균형을 이룰 수 있어 노자의 존재하지 않은 듯 존재하는 무위자연 사상과 정신을 널리 공유하여 모두가 함께 행복할 수 있는 공존의 세상을 기대할 수 있다.

　현대사회로 불어 닥치고 있는 변화의 바람은 현재 진행 중이다. 이 변화에 대해 인류는 도전적이고, 개방적으로 인식하고 접근하지 않을 수 없다. 이미 변화는 인류의 선택을 벗어난 방향으로 작동하고 있으므로 인류가 선택할 수 있는 것은 변화의 방향이다. 그래서 인류는 현명한 선택을 할 것인가에 대한 질문이 오늘날의 화두가 되고 있는데 이 화두를 푸는 것이 쉽지 않은 이유는 현대사회의 틀에 갇힌 상황에서는 현명한 선택을 하기가 어렵기 때문이다.

　노자의 《도덕경》은 동·서양을 막론하고 성경 다음

으로 가장 많이 읽히는 고전으로 성인들의 인성교육에 대한 신념과 지혜를 살펴보는 것은 급격하고 다양한 변화의 전환기를 맞고 있는 21세기 글로벌 시대에 어떤 방법으로 교육을 하면 학생들이 스스로 자신의 삶을 개척하고 능동적으로 환경에 적응하는 힘을 얻을 수 있을까이다.

노자 사상에서 강조되고 중시하여 온 인성교육 및 지도 원리는 오늘날의 우리 교육에 계속해서 계승 발전시켜 나가야 할 필요성과 중요성이다. 따라서 《도덕경》을 통해 발견한 노자사상은 2500년이라는 시간상 격차에도 불구하고 오늘날 우리 사회에 그대로 적용하고 발전시켜도 좋을 귀감이 될 만한 내용을 포함하고 있음을 인정해야만 할 것이다.

"한 사람이 세상에 태어나 가장 중요한 것이 무엇이냐?"라는 질문에 대해 노자는 "학문을 하면 날로 늘고, 도를 행하면 날로 줄게 된다."고 답하며, 그 이유를 '학문을 하는 사람의 지식은 매일 늘지만, 도를 깨우친 사람의 욕심은 점점 줄어들게 된다.'고 하였다. 그리고 "지식에는 좋고, 이롭거나 나쁘고, 해로운 것이 있는데, 좋은 지식은 인류 지혜의 정수로 '수신제가치국평천하修身齊家治國平天下'를 가능하게 하나 나쁜 지식은 인류사회의 찌꺼기로 독주와 같이 사람을 잘못된 길로 이끌고, 세상에 해를 끼치게 된다. 그러므로 교육을 할 때는 반드시 도를 상위에 두어야 하는 것으로 찌꺼기를 버리고, 정수를 흡수하며, 욕심을 버리고 반드시 참을 지켜야 한다."고 하였다.

따라서 도는 천지만물의 선천적인 근본으로 모든 생명의 원시적인 본성으로, 가르치거나 지식을 쌓는 일도 중요하지만 학문이나 인성교육이 아무리 깊어도 천지만물의 근본을 깨닫기 어렵기 때문에 욕심을 버리고 참을 지켜야 한다는 것이다.

이처럼 《도덕경》은 도와 덕의 철학적 바탕에서 관계차원으로 우주 만물의 모든 것을 설명했다고 할 수 있다. 인성교육은 자기 자신, 타인, 공동체, 자연과 더불어 살아가는데 필요한 인간다운 성품과 역량을 기르는 것을 목적으로 하는 만큼 조화로운 관계 맺기 및 관계조율이 중요하다. 이러한 《도덕경》의 원칙과 가르침을 통해 다음과 같이 인성교육적 함의를 살펴볼 수 있었다.

첫째, 《도덕경》을 통해 기존의 인성과 인성교육의 의미를 관계 수준까지 확장할 수 있는데 기존의 인성과 인성교육에 대한 논의는 이상적인 목표를 달성하기 위한 "~해야 한다"식의 당위적 교육이다. 특히 《도덕경》은 우주의 만물이 자신의 본질에 따라 독립적으로 존재한다는 것을 보지 않고 마침내 존재와 부재로 대표되는 두 개의 열린 관계에서 스스로를 이룬다고 보았다. 이 인성교육은 기존의 다소 경직되고 무조건적인 가치 중심 인성교육의 한계를 보완하고 열린 관계의 맥락에서 인성교육에 대한 논의를 풍부하게 할 것이다.

둘째, 《도덕경》은 만물의 미시적 관계를 통해 자신, 타인, 지역사회, 공동체와의 상생 관계를 구축하고 인성교육의 조율을 제공할 수 있다. 사람을 포함한 모든 것의 내적 관계는 존재와 비존재의 관계에서 일어난다. 이것은 서로가 살 수 있는 상생의 특성을 가지고 있다. 이러한 관계는 확장되어 다른 사람과 관계 형성에 동일한 형태를 보여준다. 따라서 인성교육에서 개인 간 균형 잡힌 관계를 이루는 덕목인 소통, 배려, 겸손, 포용 등은 자신뿐만 아니라 타인과 공동체가 상생의 관계로 살 수 있도록 이끌어 줄 것이다.

셋째, 《도덕경》의 만물과 도와의 거시적 관계를 통해

자연으로 돌아가 순환 관계를 확립하고 조화의 인성교육이 가능하다. 도는 모든 것이 살아가는 끊임없는 변화와 순환의 구조를 보여주며 모든 것이 정점에 도달하면 다시 돌아온다. 인간은 자연에 대한 책임감이 있고 인간과 자연이 육체, 만물의 하나, 하나의 일원론, 자연과 인간이라는 탈인간중심주의로 연결되어 있다는 생태학을 바탕으로 자연의 중요성을 강조하고 인식할 수 있을 것이다.

마지막으로 《도덕경》의 무위자연을 통해 인위적이고 주입식의 인성교육을 피하고 학생들이 스스로 배울 수 있는 인성교육을 추구할 수 있다. 우리는 도덕경을 통해 마음을 비우는[虛靜] 명상학습, 부드러움[柔弱]과 싸우지 않는 부쟁不爭 협동학습, 인위적이지 않은[無作爲] 체험학습 등을 살펴보았다. 이런 식의 인성교육은 강제 혹은 인위적이지 않아야 하며 친구, 교사, 부모 또는 자연물에 의해 영향을 받고 동화되는 방향으로 이루어져야 한다. 따라서 《도덕경》에서는 학생들이 자의식에서 시작하여 다양한 존재와의 관계를 구축하고 다루기 힘든 자연의 원리와 자연스럽게 조화될 수 있도록 인성교육을 실시해야 한다고 한다.

본 연구에서는 《도덕경》에서 추구하는 이상적인 인간인 성인의 태도를 통해 오늘날 교육자들에게 시사하는 바를 다음과 같이 도출할 수 있었다.

첫째, 소사과욕少私寡慾의 자세이다. 이는 사심을 적게 하고 욕심을 적게 하라는 뜻으로 자기의 마음을 비워야 한다는 것인데, 채울수록 허전함은 더해가고, 비워야 채울 수 있다는 것이다. 채움이 먼저가 아니고 비움이 먼저인 것이다. 즉 유有에서 유가 나온 것이 아니고 무無에서 유가 나오고 다시 무로 돌아가는 것이 자연의 순리順理이고 자연의 질서秩序라는 것이다.

교육자는 자기중심주의에서 벗어나 열린 마음으로 학생들과 소통하는 자질을 갖추어야 하는데, 교육자는 학생들의 관점에서 학생들의 마음을 바라보고, 사사로운 마음을 버리고 열린 자세로 학생들과 소통할 수 있는 자질을 갖추어야 할 것이다.

둘째, 상선약수上善若水의 자세이다. 물은 만물을 이롭게 하면서도 다투지 아니하는 이 세상世上에서 으뜸가는 선의 표본으로 여기어 이르던 말로 교육자가 학생을 대하는 데 있어 자연스럽게 배려하는 태도가 중요한 것이다.

이를 교육현장에 적용하면 학생이 어떤 일을 수행하고 "내가 스스로 이 일을 성취하였다"라고 학생 스스로 성취감을 느낄 수 있도록 교육자가 행동하는 것이 이상적인 교육 태도로 이것이야말로 '자연에 따르는 교육방식'이 될 것이기 때문이다.

셋째, 말 없는 가르침行不言之敎이다. 성인은 무위적으로 일을 하며, 말 없는 행동으로 가르침을 펼친다는 것으로 '말 없는 가르침'의 교육목적은 도를 깨닫고 덕을 터득하는 데 있다.

교육자가 말없이 먼저 행동으로 모범을 보이면 학생은 은연중에 감화되어 자연스러운 교육이 이루어지게 되는 것으로 교육자가 양자택일의 논리를 지양하고 세상 만물의 양극성을 있는 그대로 인정하는 불언不言의 방법은 교육자와 학생의 공감대를 이끌어 내어 의도하지 않는 뜻밖의 교육적 효과를 얻을 수 있기 때문이다.

넷째, 겸허한 자세致虛守靜이다. 《도덕경》의 치허수정致虛守靜은 앎에 대한 교육자의 태도를 바르게 할 때 자연스럽게 따라오는 것이다. 학식이 아무리 높다고 한들 천하 만물의 모든 것을 이해하기란 어렵기 때문으로 이러한 교육자의 겸허한 자세는 교육자에게 겸손의 미덕을 일깨워주게 된다.

교육자와 학생이 진정으로 소통하기 위해서는 먼저 겸허한 자세를 지녀야 하는 데 학생은 언제든지 변화하고 성장할 수 있다는 것을 항상 염두에 둔다면 겸허함이 저절로 따라오게 된다는 것이다.

다섯째, 조화롭게 더불어 사는 자세和光同塵이다. 화광동진이란 자기 자신의 지혜와 덕智德과 재기才氣를 드러내지 아니하고 속세와 어울리는 것을 말하는 것으로 이를 위해서는 기존 세계를 파괴하는 자기극복의 자세가 요구되어 진다.

교육자는 세상 사람들과 조화롭게 더불어 사는 자세로 교육자와 학생의 수평적인 관계, 더 나아가 교육자가 처하處下의 자세를 취할 것을 필요로 한다. 이를 교육현장에 적용해 보면, 교육자는 학생이 필요하면 언제나 찾아가는 존재로, 학생들과 함께하면서도 교육자의 본분을 잊지 않고 조화를 유지하는 자세를 갖추어야 한다.

《도덕경》에 나타난 성인의 소통, 배려, 모범, 겸손,

조화의 태도는 인간이 갖추어야 할 인성이다. 이러한 성인의 태도를 오늘날 학교 교육에 있어서 교육자들이 본받는다면 학생들의 인성교육에 이바지할 수 있을 것이다. 또한, 교육 대상자인 학생들 스스로 자신의 삶을 개척하고 능동적인 환경에 적응하게 되는 자율성과 도전정신이 크게 신장될 것으로 기대되어 진다.

오늘날 우리 사회는 부모의 교육적 기능 약화로 인한 가정교육의 부재, 자녀 과잉보호, 가족 이기주의, 지력智力 중심의 조기교육 병폐 등과 같은 총체적인 교육문제를 안고 있다. 저출산 시대에 사는 많은 부모들이 자녀들의 명문대학 진학을 위해 무리한 경제적 지출을 마다치 않고 자녀들의 교육 투자에 총력을 기울이고 있다. 입시 앞에서는 인간적인 도리나 책무를 가르치고 배우며, 실천하는 일들이 뒷전으로 밀려나고 있고, 그로 인한 부작용이 이미 공론화된 지 오래이다.

따라서 교육목표와 교육방법이 유기적인 통합을 이루지 못하고 각종 교육 병폐가 만연해 있는 우리 교육의 현실을 감안해 볼 때, 구시대 낡은 유물로 평가했던 노자의 배움의 철학에 많은 관심을 가지고 그 교육적인 기능과 역할을 진지하게 살펴보아서 현대적 · 교육적 가치와 의의를 재발견하며, 훌륭한 문화적 전통을 유지 · 발전 · 계승하도록 하는 노력이 앞으로 보다 적극적으로 이루어져야 할 것이다.

또한, 현재 우리나라의 교육기관 프로그램은 사고의 확장이나 폭넓은 교양보다 주로 취업위주의 실용적 기능획득과 취미 생활 위주로 이루어지는 것으로 알려져 있다.

그러므로 노자의 이러한 배움 철학은 당장 교육 현장에 적용하기에는 다소 무리가 있을지 모른다. 그러나 사회적 존재로서의 수학자가 사회 안에서 사회를 이해하고, 자아를 찾는 일을 멈추지 않을 당위성이 요구된다. 따라서 노자가 추구했던 인성교육의 원리를 구체화시키고, 나아가 평생교육 현장에서 활용 가능한 수준의 사례 연구도 활성화시켜 나가야 할 것이다.

도덕경은 위선이 아닌 언행일치로 본을 보여주는 실천을 말한다. 맞는 말이다. 자녀는 부모의 등을 보고 자란다는 말이 있듯이 인성은 가르치고 키워주는 게 아니라 가정에서 부모가, 학교에서 교사가 먼저 보여줄 때 갖춰진다.

교육은 인간에게 있어 '가치 있는 인간 활동'이라고 할 수 있다. 인성교육은 교육의 목적이 인간다운 인간을 양성하는 것이기 때문에 중요하며, 지식과 기술뿐만 아니라 그러한 지식과 기술을 올바르게 사용하기 위해서는 인성과 존엄성을 갖추는 것이 중요하다.

첫째, 자기 자신을 올바르게 이해하는 사람은 가장 합리적이고 현실적인 행동을 선택하고 실행할 수 있기에 인성교육을 통해 자기 자신에 대한 올바른 이해를 도모해야 한다.

둘째, 인성교육은 자신의 가치와 강점을 인정함과 동시에 자신의 단점을 인정함으로써 있는 그대로의 자신을 받아들이는 것을 말한다. 그러므로 자신을 존중하고 수용하는 태도를 기르는 것이다.

셋째, 인성교육은 자기 통제력을 함양시킬 수 있다. 바람직한 성격의 소유자는 본능적인 충동이나 감정에 좌절하지 않고 승화하여 사회적으로 용인되고 생산적이며 창의적이고 긍정적인 방식으로 표현한다.

넷째, 인성교육은 현실에 기반한 사고를 할 수 있게

하므로 올바른 현실감을 함양시킬 수 있다. 지나친 이상주의와 현실의 모순에 빠지면 이상이나 기대치를 너무 높게 설정하고 현실을 외면하여 타인과의 원활한 인간관계를 방해할 위험이 있다.

다섯째, 인성교육은 타인에 대한 공감적 이해와 존중을 함양한다. 공감이란 말 그대로 다른 사람의 감정을 공유하고, 다른 사람의 관점을 이해하고, 결코 자신을 잃지 않는 것을 의미한다. 솔직한 자기표현과 타인에 대한 공감은 더 깊고 성숙한 인간관계를 형성하는 기반이 된다.

인성교육의 목표는 궁극적으로 인간으로서 갖추어야 할 바람직한 성품을 갖는 것이며, 개인적으로 만족스럽고 사회적으로 건설적인 삶을 영위하는데 필요한 지식, 기술, 태도, 가치를 습득하도록 돕는다고 할 수 있다. 다시 말하자면 궁극적으로 인성교육을 통해 인간에 대한 지知·정情·의意 지식, 애정, 의지의 모든 영역에서 조화롭고 통합된 가치를 확립하는 것이다.

따라서 우리가 인성교육을 통해 함양해야 할 것은 개인적 차원에서 '개인의 내면의 안녕을 함양하는데 필요한 인간성 및 역량'과 타자적 측면, 즉 타인, 공동체, 자연과의 관계의 차원에서는 공동체와 조화롭게 살아가는 데 필요한 인간의 자질과 능력을 포함한다. 특히 우리가 덕이라는 말로 표현되는 인격적 가치를 함양하여 자기관리를 위한 내면의 자아를 함양하고 사회성, 시민의식을 위해 타인을 포함한 공동체와 더불어 살아가는 인격과 능력을 함양하는 인격을 강조하는 인성교육진흥법에서 제시하는 교육을 실시해야 한다.

이는 일상생활과 통합된 교육과정의 과정에서 이루어져야 하며, 교육과정의 각 영역의 내용뿐만 아니라 일상생활 전반의 주제에도 반영되어야 한다. 이것은 상생과 공존의 길을 배우는 것인데 노자의 도덕경에서 가능하다.

도덕경 2장에서는 "세상 사람이 다 아름답다는 것을 안다면 그 자체가 곧 추함이다. 좋은 것을 좋은 것으로 인식한다는 것은 그 자체로 나쁜 것이 있다는 것을 의미한다."

노자는 우리가 특정한 문화 체계로의 통일 방법을 버리고 갈등 요소 없이 자연으로 돌아가야 한다고 주장한다. 그것은 도덕경 전체에 걸쳐 다양한 표현 방식으로 설명되어 있다. 즉 자연의 질서를 따르는 것을 도道라 하고, 이를 따르는 것이 인간세계의 질서에 이르게 해야 한다는 것이다.

— 《도덕경》 2장 —

天下皆知 美之爲美 斯惡已
천하개지　　미지위미　　사악이

皆知 善之爲善 斯不善已
개지　　선지위선　　사불선이

故有無相生 難易相成 長短相較 高下相傾
고유무상생　　난역상성　　장단상교　　고하상경

音聲相和 前後相隨.
음성상화　　전후상수

是以聖人處 無爲之事 行不言之敎
시이성인처　　무위지사　　행불언지교

萬物作焉而不辭
만물작언이불사

生而不有 爲而不恃
생이부유　　위이부시

功成而弗居 夫唯弗居 是以不去
공성이불거　　부유불거　　시이부거

　　세상의 모든 사람들이 말하는 것이 아름답다는 것을 알 때 그것은 추하다. 세상 모든 사람이 좋다고 하는 것이 좋다는 것을 알면 좋지 않다. 존재와 무는 서로 살게 하고, 어려움과 쉬움은 서로를 이루며, 길고 짧은 것은 서로 비교하고 높낮이가 서로 조화를 이루며, 앞과 뒤가 뒤따르니 세상이 항상 이렇다.

　　성인은 이 자연법칙을 본받아 무익한 일을 하고 무언

의 가르침을 행한다. 만물이 잘 자라는 것을 보고도 시
작했다고 말하지 않고 잘 살게 하고 소유하지 않는다.
어떤 일을 하되 뜻대로 하지 않는다. - 도덕경 2장

도덕경에 나타난 인성은 본질적으로 정해진 것이 아
니라 일종의 관계로 본다. 도덕경은 만물의 내적 관계,
만물 간의 관계를 말하며 만물과 도의 생성과 복귀의 순
환관계를 말하고 있다. 즉, 도덕경은 만물의 내적 관계,
만물 간의 관계를 통해 인성교육에 필요한 자신·타인·공
동체와의 관계를 담고 있어 개인·타인과 관계를 맺는데
있어 필요한 덕목인 존중, 배려, 겸손, 포용 등의 자세를
실천적으로 배우는 것이 가능하다.

도덕경의 도道의 목표는 날마다 이미 가지고 있는 것
을 버리는 것으로 여기서 도道란 인성을 말한다. 성품이
좋으려면, 품격이 높으려면, 인격이 성숙하려면 버려야
한다. 온전히 버릴 때 온전한 사람이 된다. 품격이 높은
사람이 될 수 있다. 인품이 좋은 사람이 된다.

도덕경 도道의 목적은 우리가 매일 매일 가지고 있는
것을 버리는 것인데, 여기서 도는 인성을 의미한다. 좋은
성품을 갖고 싶으면, 인격을 성숙하게 하고 싶으면 버려야

한다. 버릴 때 온전한 사람이 된다. 결국, 노자는 도덕경을 통해 인간은 자신과 자신, 자신과 타인, 자신과 공동체가 균형을 이루고 조화로운 삶을 영위하기를 원했다.

— 《도덕경》 42장 —

道生一 一生二 二生三 三生萬物
도생일　　일생이　　이생삼　　삼생만물

萬物負陰而抱陽　沖氣以爲和
만물부음이포양　　　충기이위화

人之所惡 唯孤寡不穀 而王公以爲稱
인지소악　　유고과불곡　　이왕공이위칭

故物或損之而益 或益之而損
고물혹손지이익　　혹익지이손

人之所敎 我亦敎之 强梁者不得其死
인지소교　　아역교지　　강량자불득기사

吾將以爲敎父
오장이위교부

　도가 하나를 낳고, 하나가 둘을 낳고, 둘이 셋을 낳고, 셋이 만물을 낳는다. 만물은 음을 등에 업고 양을 가슴에 안았다. 기가 서로 합하여 조화를 이룬다. 사람들이 싫어하는 것은 고아 같은 사람, 짝 잃은 사람, 보잘것없는 사람이지만 이것은 임금이나 공작이 자기를 가리키는 이름이다. 그러므로 잃음으로 얻기도 하고 얻음으로 잃는 일도 있다. 사람들이 가르치는 것 나도 가르친다. 강포한 자 제명에 죽지 못한다고 한다. 나도 이것을 나의 가르침의 으뜸으로 살으려 한다.

감사합니다.

상참괴승
청공 도경 합장

참고문헌

참고문헌

노자老子. 왕필 역, 노자징지렬략老子微旨例略.

사마천司馬遷. 《사기史記》, 노장신한렬전老裝申韓列傳.

류소감劉笑敢. 김용섭 역, 노자철학老子哲學, 서울: 청계출판사,
2000

누우렬樓宇烈. 왕필집교역王弼集校繹, 대배臺北: 화정서국華正書局,
1992

당군살唐君殺. 노자철학원논老子哲學原論, 대배臺北: 대만학생
서국臺灣學生書局, 민국民局, 1992

요감명姚淦銘. 손성하 역, 노자강의老子講義, 파주: 김영사,
2011

강봉수. 노자의 인성론의 수양론적 재해석: 지성과 본능의
소유론적 욕망 내려놓기, 도덕윤리과교육 제39호.

강선보 · 박의수 · 김귀성 · 송순재 · 정윤경 · 김영래 ·
고미숙. 21세기 인성교육의 방향설정을 위한 이론적
기초 연구, 교육문제연구 30호, 2008

강종수. 사회복지현장실습 슈퍼비전 특성이 전공생의 진로
발달에 미치는 영향, 한국콘텐학회논문지, 제12집, 2012

고미숙. 대안적 교육, 서울: 교육과학사, 2005

권선향·지준호. 관계성의 측면에서 본 유학과 불교의 인성 개념, 유학연구 제36권.

권의섭. 포스트모던시대의 인성교육의 방향과 실천, 새한철학회 추계학술대회논문집, 2015

권희숙. Levinas와 Buber 철학을 통해서 본 관계지향적 교육관 연구, 전북대학교 박사학위논문, 2010

김광수·한선녀. 성격 감정을 활용한 아동의 인성교육 방안, 초등상담연구 14 (2).

김덕수. 실행으로서의 인성교육: 칸트의 교육학 강의를 중심으로, 칸트연구 제38권.

김백희. 실체와 관계: 노자 도의 이중성, 인문학지 제22권.

김봉수. 노자의 도덕교육사상 다시 읽기, 도덕윤리과교육 (41), 2013

김상봉. 도덕교육의 파시즘; 노예도덕을 넘어서, 서울: 도서출판 길, 2005

김수동. 배려의 관점에서 이해한 자연의 교육적 개념, Andragogy Today 제9권 4호.

김용옥. 노자와 21세기(상), 서울: 통나무, 1999

김정화. 노자에 나타난 교육자의 자질 연구, 고려대학교 박사학위논문, 2017

김종국. 책임인가 자율인가, 파주: 한국학술정보, 2008

김충렬. 김충렬 교수의 노자강의, 서울: 예문서원, 2004

김태훈. 노자의 덕德에 관한 도덕교육적 고찰, 도덕윤리와 교육, 2007

김태훈. 노자의 선에 함축된 인간의 본성에 관한 연구, 초등도덕교육 23권, 2007

김향은. 교육고전을 통해 본 전통사회의 부모역할과 자녀교육 원리, 한국학논집 34권, 2007

김형효. 사유하는 도덕경, 고양: 소나무, 2011

노자. 오강남 역, 도덕경, 서울: 현암사, 2016

노자. 이강수 역, 노자, 서울: 도서출판 길, 2007

노자. 이성명 역, 도덕경, 서울: 사단법인 올재, 2015

명지원. 홀리스틱 전인 양성을 위한 인성교육 방향, 한국홀리스틱 교육학회지 제19권 제4호, 2015

박민수, 인성함양을 위한 기독교 교양교육의 새로운 패러다임: 코메니우스 이론을 중심으로, 대학과 선교 제17권.

박아청. 교육심리학의 이해, 서울: 교육과학사, 1999

손직수. 한국인의 전통가정 교육사상, 한국정신문화연구원, 1994

송도선. 노자 도덕경에 담긴 무無의 교육적 함의, 교육 사상연구 제27권.

신창호. 논어의 교육관 탐구: 현대 지식사회의 교육방향과 관련하여, 동양고전연구. 제28집.

우버들. 도덕경을 통해 본 인성교육 고찰: 관계성을 중심으로, 고려대학교 석사학위논문, 2017

유재봉. "학교 인성교육의 문제점과 방향", 교육철학 제38권 제3호, 2016

이권. 노장과 주역의 천일합일관 비교 연구, 연세대학교 박사학위논문, 2000

이강수. 이강수 교수의 노장철학이해, 서울: 예문서원, 2005

이강수. 노장사상과 더불어 현대사회에서 살아남기, 서울: 세창출판사, 2013

이미종. 노자 도덕경의 교육적 함의, 교육학연구 제51권 제2호, 2013

이상화. 신학입문을 위한 철학개론, 서울: 한국로고스연구원, 1996

이석명. 도덕경, 서울: 올재클래스, 2014

이은희. 노자의 덕에 관한 연구, 계명대학교 석사학위논문, 1997

이재권. 노자의 현실비판 사상, 동서철학연구 제83호, 한국동서철학회.

이종한 · 이성엽. 배움에 관한 노자의 철학과 성인교육학적 시사점: 도덕경을 중심으로, 교육철학 64집, 2017

이종훈. 후설의 현상학으로 돌아가기, 서울: 한길사, 2017

이철주. 실천지향의 인성 개념 탐구, 윤리교육연구 34호, 2014

이효걸 · 이재권 · 윤천근, 노장철학의 현대적 조명, 서울: 외계사, 1989

임계순. 중국인이 바라본 한국, 서울: 삼성경제연구소, 2002

임수무. 노자철학중 도여 덕지 연구, 국립대만대학, 석사학위논문, 1989

임창재. 교육사철학, 서울: 양서원, 2002

정재걸. 우리 안에 미래교육을 위한 시론, 동양사회사상 26권, 2012

정재걸. 노자와 탈현대 교육의 설계, 사회사상과 문화 19권 3호, 2016

정진일. 도가철학개론, 서울: 서광사, 2001

정창우. 인성교육의 이해와 실천, 서울: 교육과학사, 2015

조현규. 왕필이 본 도덕경, 서울: 새문사, 2011

진교훈·김성동·장승희·장승구. 인격, 서울: 서울대학교출판부, 2001

천병준. 강좌동양철학사상, 대구: 도서출판 신우, 2001

최진석. 노장老莊에게서 인간은 어떠한 존재인가? : 공맹孔孟과의 비교를 통하여, 인간연구 제6호, 2004

홍승표. 노자의 이상적인 인간상과 새로운 노인상, 동양철학연구 66권, 2011

John P. Miller. 김현재 역, 홀리스틱 교육과정, 서울: 책사랑, 2000

M. Weber. 이상률 역, 유교와 도교, 서울: 문예출판사, 1990

Palmer, P. To Know as We Are Known: A Spirituality of Education, 이종태 역, 가르침과 배움의 영성, 서울: IVP, 2006

R. L. Nettleship. 김안중 역, 플라톤의 교육론, 서울: 서광사, 1989

두산동아사전. 사서편집국. 1999

[부록]

인성교육 프로그램

[부록] 인성교육 프로그램

1. 인성교육

인성의 개념

　인성은 성품.기질.개성.인격 등의 의미를 함축하고 있다. 인성의 개념에 대해 정신분석적 입장에서는 개인이 본능적 요구를 현실적, 도덕적 제약 가운데에서 합리적으로 충족시켜 나가는 방식을 인성으로 말하기도 하고, 사람 중심 이론인 로저스 입장에서는 개인이 자신의 독특한 주관적인 경험세계 속에서 자아를 이루어 나가는 과정에서 인성을 이해하려고 하였다. 행동주의에서는 인성에 대한 일체의 가설적 개념을 배제하고 인성이란 것은 개인이 어떤 독특한 변화 과정을 통하여 학습한 행동형에 지나지 않는다고 주장하였다. 이처럼 인성의 개념은 이론적 입장에 따라 다양하게 접근한다.

　인성이란 인간이 지니는 특징적인 반응 양식 내지는

행동 양식의 개념으로 흔히 인격 혹은 성격과 혼용되기도 한다. 개인이 자신의 삶을 어떻게 엮어 나가느냐 하는 것은 바로 자신의 인성과 밀접한 관계가 있다. 왜냐하면, 인성은 삶의 과정 속에서 인생의 방향을 조정하는 배의 키와 같은 역할을 하기 때문이며, 삶을 읽는 중요한 지표로서 개인과 타인이 어떤 인간관계를 형성하는가를 결정하는 데 중요한 역할을 하기 때문이다.

또 인성은 사람이 살아가는 데 있어서 개인의 정신 건강과 신체 건강에 심각한 영향을 주기도 한다. 건강한 인성을 소유한다는 것은 학생들의 정신 건강은 물론 신체 건강까지도 바람직한 수준을 유지할 수 있게 함으로써, 결국 그들의 삶의 질을 높이게 함과 동시에 행복한 삶을 영위할 수 있게 해 주는 역할을 한다.

2. 인성교육의 개념

개요

　「대한민국헌법」에 따른 인간으로서의 존엄과 가치를 보장하고 「교육기본법」에 따른 교육이념을 바탕으로 건전하고 올바른 인성人性을 갖춘 국민을 육성하여 국가 사회의 발전에 이바지함을 목적으로 한다(제1조).

　인성교육에 관하여 다른 법률에 특별한 규정이 있는 경우를 제외하고는 이 법에서 정하는 바에 따른다(제3조. 다른 법률과의 관계).

　교육부장관은 이 법에 따른 권한의 일부를 대통령령으로 정하는 바에 따라 교육감에게 위임할 수 있다(제21조(권한의 위임).

3. 인성교육 프로그램 구성

1) 인간관계

· 관계성: 존중, 배려, 겸손, 포용

　인간人間은 '사람 사이'를 의미하는데, 그 자체가 관계를 포함하기 때문에 모든 사람이 인간관계 없이는 살 수 없다. 즉, 다른 사람과의 관계 없이는 누구도 혼자 살 수 없다. 인간관계는 인생의 행복에 매우 중요하다. 인간은 인간관계 그 자체라고 할 수 있기 때문에 행복의 가장 중요한 조건은 원활한 인간관계다.

　좋은 인간 관계는 요람에서 무덤까지 삶의 중요한 과정이며 존중, 배려, 겸손 및 포용의 미덕으로 이어진다.

2) 공동체 의식

· 공동체 의식과 정서적 유대감 증진 전략 :
　조화, 협동

공동체 의식은 공동체 구성원이 함께하는 환경에서 점차적으로 습득되고 학습되는 개념이며 구성원 간의 적극적인 상호 작용을 통해 집단에 대한 소속감을 느끼고 서로의 욕구를 충족시키기 위해 상호 작용하며 정서적 친밀감과 유대감을 느낀다. 따라서 공동체 의식은 집단 내에서 배려와 질서, 규칙을 지키면서 주변 사람들과 화합하며 살아가는 태도와 가치라고 할 수 있다. 특히 인간의 전 생애에 걸친 장기적 관점에서 볼 때 학교에서 공동체 의식을 경험하고 교육하는 것이 중요하다. 더욱이 어릴 때부터 중요하게 여겨야 한다. 따라서 공동체 의식은 자신과 타인을 인식하고 통제하며 사회화의 기반을 형성함으로써 집단생활이 시작되는 어린 시절부터 배양되어야 한다.

3) 자연 · 책임

인성 교육에서 중요한 자신과 타인과의 관계에서 요구되는 존중, 배려, 겸손, 포용의 덕목을 담고 있다.

도덕경의 작은 나라, 소수의 사람, 티끌과 하나 됨은 인성교육에서 공동체와의 관계에서 필요한 덕목인 화합과 협력을 의미한다. 도덕경의 아이, 다듬지 않은 통나무

등은 자연과의 관계에서 자연에 대한 책임을 기본으로 하는 생태적, 일방적, 탈 인간 중심적인 세계관을 보여준다.

4) 도덕경에 기초한 인성 교육의 방법

첫째, 자신과 타인과의 관계를 적절하게 형성하고 조정하기 위해 마음을 비우고 진정시키는 자기 성찰 명상을 할 수 있다. 마음을 비우면 고요해지고, 가만히 있으면 자신과 세상을 바로잡을 수 있다. 노자에서 비워낸다는 것은 마음에 있는 분별, 적대, 집착을 모두 비워내는 수행을 의미한다. 마음을 비움으로써 내적 관계는 어떤 차별과 반대가 아니라 분별과 초 분별의 마음과 만날 수 있다. 그리고 마음을 비우는 것은 마음의 고요함과 직접적으로 연결되어 있다. 침묵의 영역에서 비로소 개인과 만물의 조화로운 관계가 인식될 수 있다. 즉, 타인의 인위적이고 강요된 강의식 교육을 지양하고, 마음을 비우고 고요하게 하기 위해 명상으로 자신의 내적 관계와 타인과의 관계에 대한 자각을 우선시해야 한다.

둘째, 공동체와 올바른 관계를 형성하고 조정하기 위한 인성 교육의 한 방법으로 부드러움과 갈등이 없는 것에 대한 협동학습을 수행할 수 있다. 위에서 언급한 물처럼 부드러움은 존중, 배려, 포용의 태도로 의견을 수렴하거나 문제를 해결하기 위해 친구와 협력할 때 필수적인 태도다. 또한, 겸손한 자세로 자신의 의도나 목표를 주장하기보다는 있는 그대로의 타인을 수용하는 자세로 협동학습을 통해 비충돌을 배울 수 있다. 이러한 부드럽고 충돌 없는 협동 학습은 현재 소규모 커뮤니티인 급우들에게 국한되어 있지만 이러한 활동은 미래의 커뮤니티 인식과 사회 구성원, 시민, 글로벌 커뮤니티 구성원으로서의 연대의 기반이 될 수 있다.

셋째, 자연과 관련하여 학생들은 자연 속에서 무작위 체험학습의 기회를 가질 수 있다. 임의성은 위선적이고 전체를 이해하지 못하는 부분적인 행위로서 욕망, 분별력, 그릇된 의식, 교만에서 속하지 않는 것, 즉 자기 자신을 위해 다른 존재를 파괴하지 않기 위한 것이다. 즉, 인간뿐 아니라 인간 이외의 자연도 생각하는 범위를 확장할 수 있다. 학생들은 자연 속에서 다양한 활동을 직접 경험하고 경험함으로써 자신을 둘러싼 자연의 자연스러움을 배운다. 이러한 활동을 통해 학생들은 스스로 자연을 돌보고 보호하는 책임을 질 수 있다.

4. 유아기 인성교육

[인성교육 기본 모형]

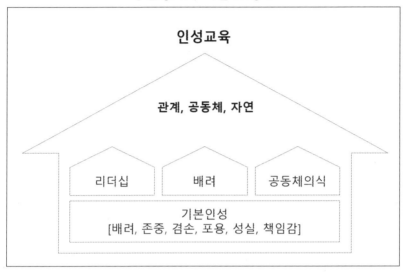

1) 유아기 인성교육 모델 Ⅰ

유아기는 가소성이 풍부하기 때문에 인성교육이 필요한 시기이다. 그러나 최근 유아교육에 생활예절교육이 아닌 지식중심 교육이 주류를 이루면서 인간성 결여와 인성교육 결여의 문제가 대두되고 있다. 노자의 도덕경을 바탕으로 현대에 맞는 인성교육을 제공한다.

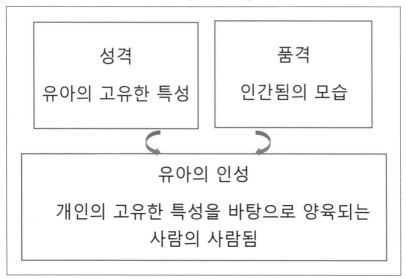

[유아 인성교육 모형 I]

성격
유아의 고유한 특성

품격
인간됨의 모습

유아의 인성
개인의 고유한 특성을 바탕으로 양육되는
사람의 사람됨

2) 유아기 인성교육 모델 II

유아교육진흥법(법률 제3635호)에 따르면 유아교육의 목적은 다음과 같다. "유아에게 좋은 교육환경을 마련하여 심신발달의 충실을 기함과 무한한 잠재력을 신장하게 함으로써 장차 건전한 인격을 가진 국민으로 성장하여 개인으로 행복을 누리고 나아가 그들의 역량을 국가발전에 기여하게 하기 위하여 유아교육과 보육을 진흥함을 목적으로 한다."

① 유아교육 목적은 유아에게 타당성이 있어야 된다.

② 유아교육 목적은 유아의 심신발달 정도에 알맞는 것이어야 한다.

③ 유아교육 목적은 유아가 생활하는 문화형태에 타당성을 가져야 된다.

④ 유아교육 목적은 환경조건에 효과적으로 적응하는 내용이어야 한다.

⑤ 유아교육 목적은 민주사회의 사상과 철학에 타당성이 있어야 한다.

유아기에는 [유아기 인성교육 모델Ⅱ] 덕목이 길러져야 한다.

[유아기 인성교육 모형Ⅱ]

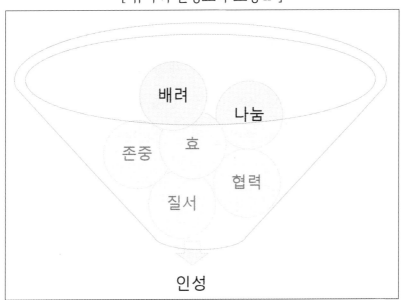

5. 아동·청소년 인성교육

[인성 핵심 역량]

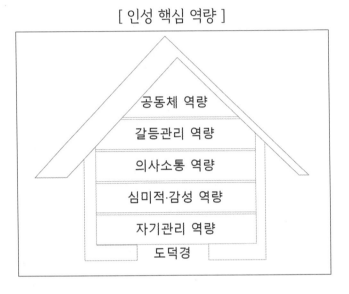

공동체 역량

갈등관리 역량

의사소통 역량

심미적·감성 역량

자기관리 역량

도덕경

1) 개인적 차원

1) 자기 관리 역량: 자신의 생활과 삶에 대한 계획을 세우고, 그 계획이 실현될 수 있도록 올바른 방향으로 나아가는 바람직한 방법을 찾고, 그 방법을 지속적으로 실천하는 능력.

2) 심미적 감성 능력 : 인간에 대한 공감적 이해와 문화적 감수성을 바탕으로 삶의 의미와 가치를 발견하고 향유하는 능력.

① 인간에 대한 공감적 이해: 인간이 경험하는 다양한 욕구 간의 갈등과 그에 동반하는 감정에 대한 인지적·정서적 이해.

② 문화적 감수성: 자아실현, 진, 선, 미의 가치를 존중하는 태도.

2) 관계적 차원

1) 의사소통 역량: 각자의 생각이나 의도가 막히지 않고 원활하게 흐르도록 서로에 대한 존중을 바탕으로 상대방의 의견을 경청하면서 자신의 상황과 입장을 능동적이고 논리적으로 설명하는 능력.

2) 갈등관리 역량: 개인이나 집단 간의 의견이나 목표의 차이로 인한 갈등 상황을 적절히 이해하고, 대화와 타협을 통해 화합을 이루어 능동적이고 평화적으로 갈등 상황을 완화하는 능력.

3) 공동체 역량: 신뢰, 믿음, 사회성 능력. 자신이 속한 공동체(가정, 학교, 공동체, 국가 등)에서 자지 자신의 존재로서의 삶의 의미와 도덕적 본질을 깨닫고 사람들과 협력하며 더불어 살아가는 데 필요한 능력.

당당하게, 따뜻하게, 아름답게 살자
-노자의 도덕경을 통한 인성 교육-
이희정(청공 도경) 박사

초 판 인 쇄	ǀ	2022년 6월 20일
발 행 일 자	ǀ	2022년 6월 23일
지 은 이	ǀ	이희정(청공 도경)박사
펴 낸 이	ǀ	김연주
펴 낸 곳	ǀ	도서출판 성연
등 록	ǀ	제2021-000008호 경남 창원
편 집 총 괄	ǀ	성화룡
표 지 디 자 인	ǀ	배선영
편 집 인	ǀ	배성근
속표지. 삽화	ǀ	배성근
홈 페 지	ǀ	https://cafe.daum.net/seongyeon2021
메 일	ǀ	baekim2003@daum.net
전 자 팩 스	ǀ	0504-208-0573
연 락 처	ǀ	010-4556-0573
정 가	ǀ	17,000원
I S B N	ǀ	979-11-973709-7-7(03190)